松弛
感养育

睿 雪 / 著

台海出版社

图书在版编目（ＣＩＰ）数据

松驰感养育 / 睿雪著 . -- 北京 : 台海出版社 ，

2024. 10.（2025.7 重印）-- ISBN 978-7-5168-4015-3

Ⅰ . G78

中国国家版本馆 CIP 数据核字第 20246MJ688 号

松驰感养育

著　　者：睿　雪	
责任编辑：赵旭雯	
封面设计：尚世视觉	

出版发行：台海出版社

地　　址：北京市东城区景山东街 20 号　　　邮政编码：100009

电　　话：010-64041652（发行，邮购）

传　　真：010-84045799（总编室）

网　　址：www.taimeng.org.cn/thcbs/default.htm

E - mail：thcbs@126.com

经　　销：全国各地新华书店

印　　刷：三河市双升印务有限公司

本书如有破损、缺页、装订错误，请与本社联系调换

开　　本：710 毫米 × 1000 毫米　　　　　1/16

字　　数：162 千字　　　　　　　　印　　张：12

版　　次：2024 年 10 月第 1 版　　　　印　　次：2025 年 7 月第 2 次印刷

书　　号：ISBN 978-7-5168-4015-3

定　　价：128.00 元

　　沈腾和马丽主演的《抓娃娃》上映后，短时间内便收获了几十亿的票房。原本是部喜剧电影，可是作为家长的我观看后却笑不出来——身边有太多家长把教育孩子当成一场旷日持久的战争，大家严阵以待，丝毫不敢松懈。试问家长们累吗？恐怕没人敢说不累的。能放松些吗？恐怕没人敢停下来。

　　教育，原本可以松弛下来的。

　　家长不控制、不"鸡娃"；孩子不内耗、不疲惫。

　　可是，不断有父母感叹追不上现在的教育节奏，也越来越不懂孩子遭遇的问题了。我们来看几个例子：

　　王哲是一个一年级的小学生，但是他的爸爸妈妈为了培养出多才多艺的孩子，便给他报了各种各样的兴趣班。周末写完作业后，爸爸妈妈便开车带着他周旋于各类兴趣班中，留给他的玩耍时间少之又少。

　　李昂灏原来是一个好学的孩子，上课主动回答老师的提问，成绩也很好，老师、同学都很喜欢他。但是最近一段时间以来，他的成绩直线下降，老师三番五次打电话来问他在家的学习情况。

　　何小泽有一天向爸爸要了100块钱，说是买课外书。后来，何小泽爸爸无意中发现，儿子根本没有买书，而是跟同学一起去看电影了。他十分震惊：为什么孩子以前不说谎，现在却谎话连篇？

　　……

面对市场上层出不穷的育儿消费项目，面对孩子种种不尽如人意的变化，父母都焦虑万分，心中却没有明确的教育准则，因此越发松弛不下来，教育方法自然也捉襟见肘。

强硬地控制，或是丝毫不加约束，都不可取。那又该如何松弛养育呢？松弛养育是和孩子建立亲密关系，顺应孩子的发展周期，用孩子喜欢听、听得懂的方式，让孩子成为更好的自己。

比如，当发现孩子撒谎时，你要意识到这可能是因为孩子上次犯错时你反应过激，导致孩子产生恐惧心理，企图躲避你的责骂。只有你停止了责骂，孩子才敢于承认自己的错误。

比如，当你发现孩子忌妒心很重时，你应该意识到这可能是因为你总是拿他和别的孩子做比较。你夸过谁，孩子就嫉妒谁。别再说"别人家的孩子如何好"，孩子只需要跟自己比较，优于过去的自己便是成功。

……

教育孩子从不是一件简单的事儿，它是一项漫长的工程。在这个过程中，父母不断学习育儿知识、观察儿童行为、调整养育方法、提升家庭养育的质量，进而将孩子培养成优秀的人才。

这本《松弛感养育》讲述的便是顺应孩子心理特征、发展阶段，使父母轻松、有效地掌握教养孩子的技巧，进而抓住孩子发育过程中的若干关键时期，全面帮助孩子形成良好的习惯、性格，并管理好自己的情绪。

为了帮助父母更好地实现松弛养育，本书讲述了大量常见的案例，并用浅显易懂的语言进行分析，然后提供有针对性、操作简单且行之有效的方法。

衷心希望广大父母通过本书，能够成为孩子的知心朋友，在陪孩子成长的过程中收获更多的快乐。

和孩子建立亲密的关系

　　父母想走进孩子的内心，做孩子的知心朋友，有一个前提：和孩子建立亲密的、互相信任的关系。所以，从孩子出生开始，父母就应该给孩子亲密的陪伴，让他感受到无条件的信任和支持。如此，父母的一切教养才能行之有效。

为什么说 3 岁前决定孩子的一生 002

你害怕和孩子分离吗 005

孩子的适应力到底有多强 008

为什么说原生家庭至关重要 011

别把"爱"当作补偿 014

无条件的爱≠纵容 017

告诉孩子，规矩的背后是自由 020

孩子的敏感期，教养的关键期

　　在孩子身体、心理发育的过程中，有不少智力和人格发展的关键阶段，它们叫作"敏感期"。每个敏感期在孩子一生中只会出现一次，所以父母要把握好机会，给孩子有效的帮助。

你知道孩子的敏感期吗 024

如何培养孩子的表达力 029

怎样培养会交际的孩子 033

如何激发孩子的独立意识 036

这些隐私部位趁早告诉孩子 039

什么是"儿童婚姻敏感期" 042

怎样培养孩子的自驱力 045

父母怎么说，孩子才肯听

父母善于沟通，让孩子主动说出成长的烦恼，同时听得进父母的引导，是一切教养行之有效的前提。父母应该放下家长的权威，站在孩子的角度想问题，和孩子平等交流，这样才能走进孩子的内心，帮他赶走负面情绪，让他的心灵充满温暖的阳光。

你的拥抱价值百万 049

为什么孩子不理解父母的苦心 052

给孩子提建议，少给孩子发命令 056

为什么不要当众批评孩子 060

怎样给孩子提供"糖衣炮弹" 063

如何教孩子换位思考 066

用好这3招，孩子不焦虑 070

孩子也要断舍离

家庭教育的终极目标，是让孩子和父母成功分离，成为一个独立、自信的人。父母应该懂得在恰当的时候放手，让孩子对自己的未来负责。终有一天，孩子会怀着一颗强大的内心，从容地应对各种挑战。

如何温柔地把孩子"推开" 075

为什么说太乖的孩子没主见 078

如何让孩子接受失败 081

多让孩子动手胜过父母插手 085

如何教孩子做决定 088

父母会撒手，孩子懂得多 091

孩子间闹矛盾别立刻插手 094

让孩子接受自然结果的惩罚 097

父母小转变，孩子大改变

每个父母都有自己的性格特点，从而有独特的教育方式，其中有一些方式对孩子"有害无利"。父母应该及时觉醒，避免用错误的爱伤害了孩子。其实，只要父母做一些小小的转变，孩子就会有很大的改变，取得巨大的进步。

要"狠心"和孩子定规矩 102

有话不妨蹲下来和孩子说 105

孩子要的其实是言传身教 108

批评 10 遍不如夸奖一遍 111

请给孩子十足的安全感 114

骂孩子不如夸孩子 118

别人家的孩子 VS 自家孩子 121

如何放下手机陪孩子 124

拆掉孩子的"情绪炸弹"

孩子的负面情绪犹如滚雪球，终有一天会在孩子内心"爆炸"，使孩子的成长道路变得坑坑洼洼，甚至改变了方向。作为孩子最亲密的人，父母应该走进孩子的内心，帮他及时消除负面情绪，让孩子乘风破浪前进。

怎样安抚愤怒中的孩子 128

这 4 招可以制止任性的孩子 131

如何赶走孩子内心的"胆小鬼" 135

怎样接纳孩子的挫折与失败 139

如何用分享赶走孩子的孤僻 142

别让担心和焦虑压垮孩子的肩膀 146

让妒忌心悄悄地来悄悄地走 149

孩子厌学怎么办 153

正确对待孩子的"怪行为"

　　孩子总有一些奇奇怪怪的行为，让父母疑惑不已、担心不已，于是见一次阻止一次。其实，有些行为是孩子心理发展过程中的正常表现，父母如果过度干涉，反而不利于孩子心理健康发展，因此，要懂得区分，正确对待。

为什么孩子喜欢重复 158

孩子这么凶，真的是霸道吗 161

他并没有恶意，只是想和别人亲近 164

爱说脏话的孩子真的很坏吗 167

别打扰，让他享受独处时光 171

别否定他用想象力创造的杰作 175

孩子爱撒谎，要当面拆穿吗 178

生了二宝后别冷落了大宝 181

Chapter

1

和孩子建立
亲密的关系

　　父母想走进孩子的内心，做孩子的知心朋友，有一个前提：和孩子建立亲密的、互相信任的关系。所以，从孩子出生开始，父母就应该给孩子亲密的陪伴，让他感受到无条件的信任和支持。如此，父母的一切教养才能行之有效。

为什么说 3 岁前决定孩子的一生

心理学研究发现，婴幼儿期是孩子心理安全感形成的最关键时期。孩子在出生 4 个月后，就开始认识妈妈。在 3 岁之前，孩子都非常依赖父母，尤其是妈妈。比如，妈妈每天早上去上班时，孩子可能会哭得很厉害。再比如，妈妈陪孩子出去玩，即使孩子放开了妈妈的手，他也会不时地回头找妈妈，看妈妈是否还在身边，只有看到妈妈，他才会觉得安全。

如果孩子在 3 岁之前没有建立起强烈和安全的依恋关系，孩子的一生中都会缺乏和他人建立亲密关系的能力。

生活中，有些孩子与父母关系不亲密，胆小怕事，害怕做决定，这多半是因为他在 3 岁之前未能获得足够的安全感，没有与父母建立亲密的依恋关系。所以，安全感和依恋关系对孩子的一生十分重要。从孩子出生到 3 岁，是父母与孩子建立亲密关系的开端。

（1）3岁前，多给孩子陪伴、拥抱、爱抚

3岁前是孩子与父母建立亲密关系的关键期。这一时期，父母的陪伴、拥抱、抚慰、亲吻，对孩子来说是无可替代的。孩子从剪断脐带那一刻起，就完全离开了母体，再也不能感受到那熟悉的环境、熟悉的心跳节奏，孩子会产生恐惧感。因此，在孩子出生后，母亲和孩子的亲密接触，比如哺乳、抱孩子、抚摸孩子，都是在生理上与孩子建立亲密的关系。

所以，在孩子3岁前，父母要尽可能多陪伴孩子，每天抽出一定的时间和孩子在一起，比如陪他玩玩具、做游戏、看绘本、听音乐、看电影、去旅行等。这是父母给孩子最好的礼物，这样做的回报是，孩子会和你保持亲密的关系，对你充满依恋和信任。

（2）3岁前，不要与孩子分离太长的时间

一位妈妈说，在孩子2岁时，她要出差，这是孩子出生以来，她与孩子第一次较长时间的分离。因为害怕孩子哭闹，她悄悄地出了门。7天后，她出差回来了，进门前，她还在想象孩子一见到她就扑进她怀里的幸福场景。可是，当她兴冲冲地回到家，张开双臂，叫孩子过来时，孩子却怔怔地看着她，一动也不动。

她整个人顿时就蒙了，她蹲下身子，细声细语地跟孩子说："妈妈出差到外地工作了几天，宝贝以为妈妈不要你了，再也见不到妈妈了，是吗？"说到这儿，孩子哇地哭出了声，扑进了她的怀抱里。

从那以后，她出差时再也不会悄悄地走。她会跟孩子约定好回家的时间，也遵守时间回来。她每次出差，孩子也没有哭闹着不让她走。而每次她回到家，孩子总是高高兴兴地扑过来。

这个案例告诉我们：孩子3岁前，父母尽量不要和孩子长时间分离。如果不得不分离，最好和孩子详细说明情况，并约定回来的时间，切勿欺瞒孩子，

否则，既对孩子建立安全感极为不利，也影响孩子与父母亲密关系的发展。

（3）3岁前，父母尽量不要跟孩子分开住

父母和孩子有没有建立亲密的关系，很重要的一点是在孩子3岁前，父母有没有和孩子住在一起。如果孩子长期跟老人住在一起，孩子可能一直都会觉得爷爷奶奶、外公外婆那里才是自己的家。当孩子上学校时，他可能更喜欢住在学校。工作后，他可能一门心思地扑在工作上，不喜欢和父母在一起。

这样，孩子的内心容易孤单、不安，不管情商还是智商发展往往都不及从小与父母生活在一起的孩子。最典型的例子就是留守儿童。很多年轻的父母迫于生活的压力，不得不背井离乡，去大城市工作。这样的代价是孩子长期和父母分离，缺少了父母的陪伴，孩子和父母变得不亲密，内心也容易缺乏安全感。

所以，父母万不得已必须去外地工作时，最好想办法克服困难，把孩子带在身边。3岁前，父母对孩子的抚养，是孩子一生中最珍贵的情感基石，是给予孩子最好的心灵礼物。

（4）3岁前，在孩子心中建立权威感、信任感

孩子3岁前，是父母在孩子心目中建立起权威感的关键期。父母的权威来自以身作则，诚实守信。不少父母在小事情上随意许诺孩子，但却不认真兑现，以为无关紧要。殊不知，这些小事会毁掉自己在孩子心中的光辉形象。

聪明的父母应该做到：自己做不到的事情，就别对孩子许诺；许诺给孩子事情，一定要及时兑现。比如，孩子想看电视，你对他说："宝贝，长时间看电视对眼睛不好，你再看5分钟书，妈妈就带你去楼下玩，好不好？"孩子答应了。5分钟到了，你就应该放下手头的事情，带孩子去楼下玩。

这样的事情多了，无形之中，你就在孩子心目中建立起了权威感、信任感，孩子也会受到你的积极影响，成为诚实守信的人。

❤ 你害怕和孩子分离吗

每当幼儿园开学的前几天，幼儿园门口都会出现这样的现象：孩子哇哇大哭："我要妈妈，我要妈妈！"甚至躺在地上打滚。妈妈见到孩子哭得撕心裂肺，往往也忍不住落泪，结果，心头一软，就把孩子抱起来，对孩子说："宝宝别哭，妈妈不走！妈妈在这里陪你！"有些父母干脆直接把孩子抱回家，说："今天不上幼儿园了，回去吧！"

孩子哭着不愿意上幼儿园，其实是一种分离焦虑。实际上，不仅孩子，很多父母也有分离焦虑，比如，担心孩子在幼儿园吃不饱、睡不好，担心孩子会哭闹，担心孩子与小朋友相处不好，担心老师对孩子不好，等等。

有时候，父母的分离焦虑有意无意地表露出来，会加剧孩子的焦虑情绪。比如，大人之间讨论他们的担心，无意间被孩子听到，就会导致孩子的分离焦虑加剧。

再比如，当孩子在幼儿园门前哭着不肯进园时，父母于心不忍，久久不肯离去，并且，眼神中流露出不舍和心疼，这些表现也都会加剧孩子的分离焦虑情绪。

更有一些父母，在孩子哭闹不肯入园时，他们采取哄骗孩子的做法，或直接把孩子抱回家。比如，他们对孩子说："你先进去，我不走。"可孩子刚进门，他们就一溜烟地离开。孩子回头发现父母不见了，不安全感会更加强烈，甚至怀疑父母是不是不爱自己了。

一位幼儿园老师说，她曾经带过一个孩子，刚来幼儿园时拒绝吃饭、喝水、午睡，每天哭闹不止，嗓子哭得都哑了。每天早上父母把他送到幼儿园来，就像一场艰苦的战争。经过一番了解才知道，原来这个孩子一年前就入园了，当时因为哭闹得太厉害，父母舍不得，送了两个星期就退园了。孩子的父母说："没想到这一次入园，孩子哭得比上次还厉害，早知如此，去年就不该退园了！"

由于孩子从出生开始，大部分时间都在家，接触的是父母及其他家人，一旦上了幼儿园，面对全新的环境和刚刚认识的老师、小朋友，出现分离焦虑是很正常的。孩子的表现通常是哭闹不止、情绪紧张、单独活动、念叨着要回家、拒绝吃饭和睡觉、随地大小便等。

父母如果不了解孩子的分离焦虑心理，在与孩子分离时没有采取正确的做法，那么不仅无法帮孩子缓解分离焦虑，相反，还会造成孩子更加焦虑和不安。那么，父母怎样做才能缓解孩子的分离焦虑，帮孩子顺利度过入园适应期呢？

（1）接纳孩子的分离焦虑，理解孩子的心情

有些父母见孩子上幼儿园时哭闹不止，表现出厌烦情绪，很不理解孩子为什么不喜欢上幼儿园，于是，抱怨孩子："幼儿园里有那么多小朋友，有那么多好玩的玩具，你怎么不喜欢上幼儿园呢？真是搞不懂你！你看别的小朋

友，都高高兴兴地上幼儿园，在幼儿园里玩得那么开心，你怎么这么不让爸爸妈妈省心呢？"这样的抱怨，丝毫不能减轻孩子的分离焦虑，只会让孩子觉得父母不理解自己，不爱自己。

正确的做法是，接纳孩子的分离焦虑，理解孩子不想与父母分离的心情。你可以对孩子说："爸爸妈妈知道你不想与我们分开，对不对？因为你习惯了在家里玩，习惯了和爸爸妈妈在一起！爸爸妈妈非常理解你的感受。"然后告诉孩子："幼儿园是个大集体，有很多有趣的活动，爸爸妈妈希望你能融入这个集体，从中感受到更多的快乐！"父母越是接纳孩子的分离焦虑，孩子越能感受到被理解和被爱，也就越容易减轻分离焦虑。

（2）父母要遵守承诺，不隐瞒、不回避

对于3岁左右的孩子来说，与父母分离是很痛苦的。他们会陷入"爸爸妈妈离开我了"的情境之中。这个时候父母千万不能偷偷溜走，而要一五一十地向孩子说明事实。比如，你可以对孩子说："爸爸妈妈下班后马上来接你，见不到你时我们也会很想你的。"这样的话可以很好地安抚孩子的情绪。

父母说到就要做到，下班后，要及时出现在幼儿园门口，这样，可以给孩子强烈的安全感和信任感。一段时间后，孩子发现父母确实每天规律地离开又规律地出现。与此同时，孩子又发现幼儿园里有很多好玩的东西，觉得和大家一起生活很有意思。那么，孩子就会逐渐适应幼儿园的生活。

孩子的适应力到底有多强

　　"幼升小"时，很多家长最担心的是孩子能否适应小学生活，毕竟，小学和幼儿园还是有较大差别的。比如，孩子上课时能不能安定地坐着、专心听课？孩子能不能听懂老师的授课，遇到没听懂的地方敢不敢问老师？孩子能不能遵守学校的纪律，做老师心目中的乖孩子？

　　你有这些担心吗？你的孩子能适应这些变化吗？在这个适应的过程中，你要怎样帮助孩子呢？其实，你能做的或者说最应该做的，就是陪伴和鼓励孩子，对孩子多一分理解，多一些耐心，多一些指导，你的孩子很快就会顺利地度过幼小衔接过渡期。

　　屯屯是一名小学二年级学生。谈到幼小衔接，屯屯的妈妈黄女士一年前也跟很多小一家长有同样的担心：

　　小学每天上学有严格的时间限制，孩子不愿意早起，迟到了怎么办？

　　小学每个班有那么多学生，孩子不能跟同学好好相处怎么办？

小学要学写字，孩子不会写怎么办？

小学一节课 45 分钟，孩子坐不住、不认真听讲怎么办？

各种担心几乎让黄女士睡不着觉，可没想到，黄女士的担心有些多余。屯屯进入小学后，适应能力还挺强，几乎没怎么让她操心。当然，黄女士在孩子适应小学学习、生活方面，也是有功劳的。

记得第一学期，黄女士每天晚上都会陪着屯屯一起看书、写作业。屯屯遇到了不会的题目，她会耐心地给孩子讲解。实际上，小学的家庭作业并不多，孩子每天用不到半小时就能完成。

做完作业后，黄女士会再陪儿子看看课外书，给孩子讲讲故事，聊聊学校发生的趣闻。当孩子遇到了不如意时，黄女士会给孩子支着，鼓励他积极面对。

就这样，一个学期下来，儿子各方面表现都很不错，成绩也很让她满意。

黄女士说："在小学，帮孩子养成良好的学习习惯比成绩更重要，只要孩子的习惯好，比如，每天预习复习、上课认真听讲、按时写作业……成绩就不会差。其实，孩子的适应性挺好的，家长不必过于担心，只要按照适合自己家孩子的方式走就可以了，多给孩子陪伴和鼓励是对孩子最好的教养。"

从黄女士的案例中，我们可以深刻感受到，孩子就要上小学了，家长既有一种向往，又有一种担心。而孩子能否适应新的环境，也会让父母颇感压力。这种复杂的心理是很容易理解的。因此，在这个过程中，家长的陪伴和鼓励非常必要。

（1）保护孩子的学习兴趣

孩子刚刚进入小学，家长对孩子的日常学习情况关注得比较多，会追着老师问长问短。对孩子也盯得紧紧的，担心他学习跟不上或犯错。殊不知，从心理学上来说，这些行为向孩子传递的是一种"不信任"的信号，容易打击、扼杀孩子的学习兴趣和学习热情。

好奇心是孩子与生俱来的，家长要做的就是保护他们对上学的兴趣和热情。所谓"保护"，指的是家长要充分信任孩子和老师，不要过度关注孩子的成绩，而要更多地关注孩子的心理感受，及时与孩子交流在学校的情况，分享孩子在校园里所体验到的快乐，分担孩子学习上所遇到的困难。

举个简单的例子，孩子放学回家，你第一时间不应该问孩子："上课听懂了没有？作业做完了没有？"而要问孩子："今天在学校过得开心吗？"这可以向孩子传递这样的信息：上学开心比什么都重要！这样孩子才会喜欢上学，继而热爱学习。

（2）培养孩子良好的习惯

孩子进入小学后，需要重塑一系列的生活习惯。比如，起居规律、遵守各项规则、管理自己的物品等，以适应小学的学习生活。在培养孩子习惯的过程中，家长有必要向孩子明确指令，同时做孩子的榜样。例如，规定孩子晚上9点半睡觉，孩子可能会找各种理由推迟睡觉的时间，这时家长最好以身作则，停下手头的事情，和孩子一起上床睡觉。等孩子睡着后，家长再继续忙手头的事情。

（3）培养孩子必要的学习能力

孩子上小学前，很多家长担心孩子的学业，提前让孩子学拼音、学写字和学算术。其实，这有点舍本逐末了。幼小衔接阶段，家长最需要培养的是孩子专心听讲、人际交往和解决问题的能力。那些简单的拼音、写字、算术，对孩子来说并不是什么难事。

在培养孩子各种能力时，家长要为孩子提供思路和方法，先给孩子做示范，鼓励孩子反复尝试和练习。例如，在培养孩子专心听讲方面，家长可以给孩子交代任务，但是千万不要唠叨，只说一遍，让孩子养成专心听、记得牢的习惯。

为什么说原生家庭至关重要

美国著名心理治疗师、家庭治疗师萨提亚曾说过："一个人和他的原生家庭有着千丝万缕的联系，而这种联系有可能影响他的一生。"那么，什么是原生家庭呢？

大部分人的一生中至少会有两个家，一个是我们和父母一起生活的家，那是我们长大的地方，有爸爸妈妈，也许还有爷爷奶奶、兄弟姐妹；另一个是我们长大以后，结婚生子组成的家。在这两个家中，前一个就是我们的原生家庭。

每一对夫妻都深受原生家庭的影响，同时，他们也在创造着孩子的原生家庭。在原生家庭中，父母的关系是稳定和谐，还是动荡不安，直接影响和孩子的亲密关系，以及孩子安全感、责任感的建立。而这些影响，会在孩子成年后的生活中淋漓尽致地体现出来。

有个年轻漂亮、品学兼优的女孩子，找对象的时候，总是找比自己条件差很多的男孩。相处了一段时间后，她又会因双方的差距较大而提出分手。

很多人不理解，她的条件那么好，为什么总找比自己差一大截的对象。可是，如果了解一下她的原生家庭，你就不会大惑不解了。

原来，父母在她6岁的时候离异，母亲为了养家，不得不做很多份工作。一天晚上，她回到家，母亲还没有下班。在漆黑的房间里，她形单影只，她打开冰箱一看，发现里面什么吃的也没有。这种孤独凄凉的感受令她刻骨铭心。

从此，她暗自做了一个决定：这辈子绝不要被别人抛弃。所以找对象时，她不敢找和自己一样优秀的男孩，因为那意味着对方可能会不珍惜自己，甚至抛弃自己，只有找比自己条件差很多的男孩，对方才不会抛弃自己。

在这个案例中，女孩之所以有扭曲的婚恋观，显然是受到了她原生家庭的直接影响。那么，父母如果希望孩子成为一个拥有健康人格的人，应该给孩子创造怎样的原生家庭呢？答案很简单，给孩子创造一个和睦的家庭环境，这是孩子健康成长的重要条件。

在和睦的家庭里，大家相亲相爱，相互尊重，孩子心里就会充满安全感和归属感，同时，容易形成一种人生中非常重要的能力——爱的能力。那么，父母怎样给孩子一个和睦的家庭环境呢？

（1）经营好夫妻感情

有些父母（尤其是妈妈）有了孩子之后，认为孩子是自己的心头肉，会把自己与孩子的关系放在第一位。其实，父母首先应该经营好夫妻感情。因为夫妻感情好，家就安宁。家安宁了，孩子才会快乐成长，健康的人格和优秀的品质才容易形成。反之，这个家就乱套了。

在那些"问题孩子"的身后，我们几乎看不到和谐家庭关系的影子。这些家庭的父母往往离异，或两地分居，或一天一小吵、三天一大吵，总之家里天天不得安宁，而他们的孩子往往会染上打架、偷窃、逃学等不良行为。

孩子是父母爱的结晶，一旦父母关系不好，孩子就会本能地去拯救。但孩子的力量太小了，心智又不成熟，他只能用"牺牲自己"的方式来转移父母的注意力，比如，撒谎、偷窃、逃学等，甚至有些孩子经常生病，父母带他们去医院却查不出问题。究其原因，是这些孩子希望自己"生病"后，父母就会把注意力放在他身上，就不吵架了。

有些父母以为，不当着孩子的面吵架，就不会对孩子造成不良影响。可事实上，当父母关系不好，彼此心里怄气时，造成的家庭氛围是让人备受压抑的。孩子虽然小，但能够非常敏感地觉察到。

（2）给孩子良好家风的熏陶

家风会直接影响孩子的习惯和性格，比如，父母的休息习惯、衣着品位、用餐礼仪、卫生习惯、兴趣爱好、人际交往等，都会潜移默化地影响孩子，因此，父母要努力扮演好孩子的榜样。

（3）尊重孩子，给孩子平等的观念

教育孩子首先要尊重孩子。父母不能因孩子的弱小而无视他们的独立人格，处处对孩子下命令，给孩子种种限制。父母要学会放下架子，把自己放在与孩子平等的位置上，努力让孩子感受到父母的关爱和自身的价值，并由此学会尊重父母、尊重他人。

别把"爱"当作补偿

经常听到父母这样说：

"如果我有了孩子，一定不让他走我的老路！"

"我绝不会让孩子像我小时候一样受苦！"

这种心理叫作"补偿心理"。很多父母在教育孩子时总带着这种心理，给孩子过度的爱，或对孩子有不切实际的期望，结果给孩子造成心理压力，影响孩子健康成长。

父母对孩子的补偿心理主要包括以下三种类型：

第一类：父母因童年遭遇而给孩子补偿性的爱。

很多父母因为自己小时候遭受父母的严厉管教，或被父母忽视，没有感受到爱；或家里特别穷，吃了很多苦；或没有认真读书，导致一生走了很多弯路等。当他们有了孩子之后，就觉得不能让自己童年的遭遇在孩子身上重演。

他们可能给孩子无限度的自由，对孩子放任不管，或给孩子创造优越的物质生活条件，或要求孩子参加各种兴趣班、特长班，或期望孩子考入名牌大学等。为了把自己的人生理想强加给孩子，他们往往会剥夺孩子选择自己发展方向的权利。

第二类：父母因陪伴孩子时间不足而给孩子补偿性的爱。

很多父母因工作忙碌或异地工作，不能经常陪伴在孩子身边，所以总觉得是亏欠了孩子。在这种情况下，他们最容易对孩子产生补偿心理。当孩子提出要求时，他们往往会通过物质上的满足来缓解对孩子的亏欠感，于是，尽可能地去满足孩子的要求，而不考虑孩子所提的要求是否合理。

一对年轻夫妇带着儿子去买儿童自行车，身后跟着爷爷奶奶。年轻夫妇似乎想把各种款式的儿童自行车都买给孩子一样，而且只挑最贵的买。老人直摇头，小声地嘟囔着："买那么贵的车干吗，买个差不多的就可以了！孩子玩一段时间就没有新鲜感了，到时候还不是搁在家吃灰？你们过段时间不就回来了吗？到时候再给孩子买大一点的车呗！"

原来，这是一对即将外出工作的父母，希望给孩子买最好的儿童自行车，缓解自己长时间不能陪伴孩子的愧疚感。

对孩子来说，物质上的满足并不能代替父母的爱和陪伴。因此，不管父母对孩子有多愧疚，都不要盲目地用物质上的满足来代替对孩子的爱。

第三类：父母因不幸遭遇而给孩子补偿性的爱。

有些父母因为离婚，或因一方离世，或孩子身体有残疾，总觉得对不起孩子，于是十分溺爱孩子。这种强烈的补偿心理很容易使父母给孩子过度的、盲目的爱。而且，通常他们自己意识不到，有时即使意识到了，也会觉得是理所当然的。

爱孩子无可厚非，但要注意爱的方式方法。父母务必控制好对孩子补偿性的爱，避免对孩子造成不利的影响，父母不妨这样做：

（1）不迁就孩子的无理要求

迁就不是真正的爱，而是害。过分地溺爱和纵容只会让孩子变得不懂节约、没有责任感。因此，对于孩子提出的要求，父母要考虑其合理性。对于合理的要求，要在能力范围内去满足；对于不合理的要求，要明确地拒绝孩子，并向孩子说明理由。

（2）尽量每天陪孩子吃晚餐

很多父母早出晚归，孩子想见父母一面都难。父母再忙也应该赶回来吃晚餐，因为一家人坐在一起吃晚饭是很温馨的画面。在吃饭时，孩子可以向父母描述一天中的所见所闻，父母可以跟孩子谈心。但要提醒一句，父母切勿在吃晚饭时批评孩子，而要尽量鼓励、肯定孩子的表现。

（3）给孩子制造惊喜

有的父母经常出差在外，陪伴孩子的时间有限，但如果父母有心，完全可以向孩子表达爱和关心，比如，隔三岔五地打电话给孩子，跟孩子聊聊自己的见闻，听孩子讲一讲有趣的事情。出差回来，还可以给孩子带上有特色的礼物，比如，一份城市地图、一些富有城市特色的装饰品等，这些小小的惊喜都会让孩子感受到你的爱。

（4）多陪孩子参加亲子活动

当你难得有时间陪孩子时，最好别把时间都用在给孩子买玩具、买零食上，不妨多和孩子玩一玩亲子活动，比如，和孩子下棋、聊天、爬山、游戏等。这些活动对孩子的身心发展非常有益，而且孩子更能感受到你的爱。

无条件的爱 ≠ 纵容

每个父母都说自己对孩子的爱是无私的，但却在无意中加了许多条件，我们经常听到父母这样对孩子说：

"你再这样，妈妈就不爱你了！"

"你再不听话，妈妈就不要你了！"

随着孩子不断长大，父母又开始用这样的话代替：

"如果这次考不好，就别想让我带你去旅游！"

"你再不好好做作业，你就一周别想看动画片。"

这些话的言外之意是："孩子，如果你想我爱你，你就必须听话，按我的要求去做，按照我的规划去成长。否则，我就不爱你了，我就要惩罚你。"这就是有条件的爱，它反映了父母没有把孩子当作独立的个体，而是把孩子当作自己的附属品，对孩子有强烈的控制欲，这是对孩子极大的不尊重。

有条件的爱会让孩子收到许多错误的信息：

"我听话是为了博得周围人的认可。"

"我好好学习是为了得到父母的奖励。"

"我要成为大人希望的那种人，才能得到爱。"

这样，孩子就很容易形成迎合、讨好型的人格，他们会失去做事情的原动力，享受不到事情本身带来的快乐。

有条件的爱还会给孩子的成长带来极为不利的影响。首先，会带给孩子恐惧感和不安全感；其次，会造成孩子只关注奖励，而不关注行为本身。甚至可以说，这是父母在贿赂孩子，容易让孩子变得功利。

真正的爱应该是无条件的，无条件地尊重孩子、接纳孩子、理解孩子。当孩子得到了父母的尊重、接纳和理解，孩子才会逐渐建立起自尊，会对自己有信心。他知道无论自己成功或是失败，父母都会无条件地理解和支持他。

当然，无条件地爱孩子，并不是纵容孩子，不给孩子任何限制，它需要把握一些原则，比如，孩子一错再错，甚至故意伤害别人，那么父母对孩子绝不能姑息。有原则的父母能够让孩子知道，什么是对的，什么是错的，什么应该做，什么不该做，让孩子明晓事理，并能在犯错后敢于承认错误、积极改正错误。

那么，给孩子无条件的养育，父母具体应该怎么做呢？

（1）爱孩子的优点，也包容孩子的缺点

父母对孩子无条件的爱，就是父母不以孩子的成绩优劣、相貌美丑、脾气好坏、性格差异等，对孩子有所偏见。父母对孩子无条件的爱，理由只有一个，那就是他是你的孩子。孩子成功时，要表扬他；孩子失败时，要鼓励他。

无条件的爱能让孩子感受到很强烈的安全感。孩子一旦有了安全感，自信就会油然产生，这样孩子才会变得活泼开朗、积极上进、敢于冒险。正如弗洛伊德说的那样："自幼得到充分母爱的人，一生充满自信。"

当孩子被父母无条件地爱着时，他也会变得自尊、自爱，进而尊重别人，

爱护别人。

（2）经常肢体接触，满足孩子的"皮肤饥饿"

在心理学上，有个词叫"皮肤饥饿"，说的是孩子没有得到父母足够的抚摸时，皮肤会产生"饥饿感"。

心理学实验证明，孩子生来就喜欢被父母拥抱、抚摸、亲吻，这是一种本能的需要，也是获得安全感的重要方式。孩子越小，越渴望与父母身体接触。

如果孩子经常得到父母的爱抚，身体会长得快些，动作发展也好些，性格也会更乐观积极。父母与孩子肢体接触，可参考以下原则：

①孩子 0 ~ 3 岁时，父母必须每天抱孩子、抚摸孩子。

②孩子 3 ~ 6 岁时，父母要经常抱孩子、抚摸孩子。

③孩子 6 ~ 12 岁时，孩子每天放学回来后，父母要抱孩子，或在接孩子时拥抱孩子。

④孩子 12 岁以后，父母可以分场合地拥抱孩子。比如，当孩子比赛取得好成绩时，跟孩子拥抱一下，以示祝贺；当孩子失败了，心情不佳时，跟孩子拥抱一下，以示安慰。

（3）当孩子犯错时，不要跟孩子讲条件

萨提亚老师说过一句话："遇到问题时，我们要先处理情绪，再处理问题。"

孩子总有犯错的时候，当孩子犯错时，父母要控制好情绪，切勿怒气冲冲地批评孩子、气急败坏地斥责孩子；也别跟孩子谈条件，别对孩子说"你再怎么样，我就怎么样"的话；更不要粗暴地体罚孩子。

当你想打骂孩子时，要搞清楚自己是在教育孩子，还是在发泄情绪。如果是为了发泄情绪，可以选择其他方式，比如，转移注意力，或运动一下，等情绪平静了，再来处理孩子的问题。

告诉孩子，规矩的背后是自由

近些年来，各种各样的教育理念席卷国内外，我们听到较多的教育理念之一是"给孩子自由"。

不过，有的父母把握不好度，往往给了孩子过度的自由，却忽略了培养孩子遵守规矩。这样教育孩子，几年后你就会发现，随着孩子不断成长，新的问题会不断地冒出来。

萌萌在教育孩子时，一直奉行的原则是"给孩子足够的自由"，哪怕孩子有了不太好的行为，她也不会去指正。记得有一次，萌萌和闺密淼淼各带着孩子去图书馆。结果，萌萌的儿子在公共阅读区大声地读书。要知道，那可是图书馆，大家都在安静地看书，他的读书声引起了周围人的侧目，但是没有人去阻止。

淼淼忍不住了，就小声地对萌萌说："叫孩子别读出声来，会影响大家看书的。"结果，萌萌白了她一眼，并表现得不以为然。过了几分钟后，孩子的读书声才停止。

孩子小时候，家长给孩子的自由和迁就过多，孩子长大后可能变得为所欲为，任性而不听劝告。所以，给孩子自由和宽松的成长环境，应该把握合适的尺度，以免使自由成为纵容孩子的温床，让孩子变得没有规矩，没有教养。

在一档综艺节目中，有一个冰激凌考验环节，村长把一个冰激凌和一些糖果用篮子罩起来，交给诺诺和妹妹来保管，并对他们说："谁也不可以偷吃，一定要保管好！"在炎炎夏日，让孩子保管美味的冰激凌，对孩子是极大的考验。其间，两个"坏"叔叔进屋，对他们进行各种诱惑，但诺诺表现出超强的自制力，始终没有被诱惑。

为什么诺诺小小年纪就懂得遵守规则呢？这与他妈妈的教育分不开。诺诺的妈妈给孩子自由，也教孩子遵守规矩。给孩子自由，是为了挖掘孩子的内在动力，让他能够主动探索世界；给孩子规则，是要告诉孩子世界是有规矩的，而且规矩背后都有其存在的道理。

那么，父母如何在给孩子自由的同时，教孩子遵守规矩？

（1）以爱和自由为基础，给孩子定规矩

父母在给孩子定规矩时，要以爱和自由为基础，要告诉孩子定这样的规矩对孩子有什么好处，为什么要遵守这个规矩。孩子体会到家长的关爱，才不会抵触规矩，才会按规矩行事。与此同时，家长还应注意三点：

①规矩还要适合孩子的年龄段，切忌规矩定得太细、要求太高。同时，伴随着孩子成长，规矩的内容还要不断地调整。

②在给孩子定规矩时，最好和孩子商量，一家人开会讨论。这样可以给孩子一种仪式感，引起孩子的重视。开会的时候，大家可以各抒己见，孩子提出的意见和想法，父母也应该重视起来。

③规矩要简洁明确，让孩子知道怎么做是符合规矩的，怎么做不符合规矩。例如，告诉孩子："心情不好时，可以到没人的地方喊叫；发脾气时可

以打枕头，但不可以摔东西，更不可以打人。"

（2）孩子不守规矩时不要急着批评他，而要先了解他的意图

嘉嘉很喜欢上幼儿园，可是有一天，他说什么也不愿意去幼儿园。妈妈蹲下身来，和嘉嘉拥抱了一下，然后轻声说："昨天你还说想去幼儿园玩转椅的，今天怎么不想去了，告诉妈妈原因好吗？"嘉嘉指着桌上的手机说："爸爸。"妈妈想了想说："因为爸爸打电话说今天回来对不对？你想在家等爸爸回来对不对？"嘉嘉点了点头。

妈妈说："爸爸出差这么久，嘉嘉很想念爸爸，对不对？妈妈也想爸爸，可是爸爸要晚上才到家，那个时候你从幼儿园回来就能看见爸爸了。"嘉嘉点了点头，然后拉着妈妈的手去了幼儿园。

很多时候，孩子并非故意不守规矩，而是另有隐情。父母只有先了解孩子的意图，才能针对性地引导孩子守规矩。

（3）建立规矩是一个漫长的过程，需要不断重复

我们经常听到有些妈妈说："我说过多少次了，不要在公共场合大喊大叫！怎么就是不听呢？""我告诉过你的，不要把垃圾扔在地上。"可孩子依然老毛病重犯。

鹿鹿已经4岁了，犯错之后知道道歉，说自己再也不会这样了，但是没过一会儿，他就把自己犯的错忘掉了，继续犯错，而且不管大错小错，只要他看见大人的脸色有一点不高兴就马上道歉，然后该怎样还怎样。

在给孩子定规矩后，不要指望孩子一两次或一两天就能记住规矩，因为规矩的建立是一个漫长的过程，父母要做的就是反复地提醒和耐心地指导。同时，让孩子接受自然惩罚，从而理解不守规矩会带来什么后果，让孩子学会为自己的行为负责。

Chapter

2

孩子的敏感期，
教养的关键期

在孩子身体、心理发育的过程中，
有不少智力和人格发展的关键阶段，
它们叫作"敏感期"。每个敏感期在
孩子一生中只会出现一次，所以父母
要把握好机会，给孩子有效的帮助。

你知道孩子的敏感期吗

感官敏感期又叫感知觉敏感期，包括听觉、视觉、味觉、嗅觉、触觉、前庭觉等，它们的开始时间各不相同，但总的来说集中在 0～6 岁，尤以 3 岁左右最为关键。3 岁之前，孩子透过潜意识的吸收性心智认知周围的事物；3～6 岁，孩子则能具体地透过感官分析判断、认知事物。这一时期的孩子感官发育存在这样一些特点：

（1）听觉——能够准确地听出妈妈的脚步声

3 岁左右的孩子，听觉系统已经较为完善，他能在众多的声音信息里选取自己最感兴趣的信息，并加以吸收，他甚至能凭借走路声推断出是不是妈妈。

（2）视觉——更关注细微的事物

孩子到了 3 岁时，观察力很强，他们总能关注到最微小的细节。在他们看来，大人的观察是不够精确的。比如，地上的纸屑、墙角的蜗牛、树叶上的昆虫等，都是吸引孩子视觉的新鲜玩意儿。

（3）味觉——能够区分多种味道，并有选择地品尝

味觉是孩子认识世界的一种途径。事实上，孩子从出生起就进入了味觉敏感期。比如，小孩子吮吸手指，喜欢把东西放到嘴里，其实这是通过味觉来认知事物。甚至连物体的软硬，孩子都会用嘴巴来认识。这一时期，孩子的味觉系统已经发育得较为完善，他们能区分酸甜苦辣，知道什么好吃、什么不好吃，会有选择地品尝食物。

（4）嗅觉——能够区分不同人身上的气味

嗅觉也是孩子认识世界的一种工具。3岁的孩子能够准确地区分爸爸和妈妈不同的体味，还有依恋物，比如，手帕、毛毯、外套上的不同气味。在这一时期，父母可以用新鲜的蔬菜、水果，或烹调出美味的食物，引导孩子用嗅觉与味觉去品味食物，让孩子爱吃更多种类的食物。

（5）触觉——喜欢动手东摸西碰

3岁左右的孩子喜欢抓东西，通过触碰东西来认识周围的人、事、物。父母要做的是为孩子提供更大的空间，创造相应的条件和环境，比如，允许孩子动手去触碰、把玩东西。如果父母不希望孩子触碰某些东西，最好放在孩子够不着、找不到的地方。

（6）前庭觉——喜欢尝试各种姿势、体会不同强度的刺激

3岁左右的孩子由于已经能够独立行走，他们喜欢到处游走，在探索时喜欢走斜坡、爬桌子、骑摇摇马，玩得不亦乐乎。尤其喜欢更刺激的前庭活动，

其中以滑滑梯为最爱。他们甚至会采用多种不同的姿势,比如,坐、躺、趴等,去体会滑滑梯带给自己不同强度的前庭刺激。对于孩子的这种行为,父母可能觉得很危险,其实只要能保证孩子的安全,大可不必对孩子过分保护。

那么,在孩子感官敏感期,父母怎样做才能培养孩子吸收性心智呢?

(1)激发孩子的想象力

孩子的世界永远不缺少想象力,无论什么东西,只要经过孩子的想象,就可以变成他们想要的玩具——小板凳可以变成汽车,遥控器可以瞬间变成手机,花生壳放在水里可以变成小船……尽管孩子想象力丰富,但这远远不够,父母应该在孩子感官敏感期,进一步激发孩子的想象力,具体做法如下:

①引导孩子确定想象的主题。让孩子围绕某个主题展开想象,训练孩子有意识想象的习惯。比如,父母在引导孩子围绕水果开展想象时,可以提供给孩子一些水果的图片或真实的水果。

②给孩子提供想象的道具。有时候,你可以给孩子一个东西,问孩子像什么。比如,对孩子说:"你看这颗纽扣像什么?"然后逐步引导孩子想象诸多外形与纽扣相近的物品。

③与孩子一起玩想象游戏。和孩子一起玩想象游戏,既能开发孩子的想象力,又能带给孩子心理上的满足和情绪上的愉悦。你可以和孩子一起编故事,你先编前半部分,比如:"从前,山里有一座庙,庙里有一个和尚,这一天,发生了一件事情……"然后鼓励孩子:"你来发挥想象,接着讲这个故事!"无论孩子怎么续接,父母都应该多肯定孩子,并顺着孩子的思路往下续接,直到最后编出一个圆满的结局。

(2)提高孩子的记忆力

孩子的记忆力虽然很强,但多是无意识记忆,缺乏目的性,容易遗忘。

再者，孩子的记忆方法有限，很多时候不是在理解的基础上记忆，而是通过外在感官来记忆。因此，父母应该有意识地提高孩子的记忆力，具体做法如下：

①引导孩子将记忆内容通过讲故事、唱儿歌、猜谜语、表演活动等形式去记忆。不断地重复和练习，孩子就会记得深刻。

②经常向孩子提出具体、明确的记忆任务。比如，给孩子讲了一个故事，可针对故事向孩子提问。带孩子外出回来后，可引导孩子回忆途中所见的情景，这样可以促使孩子主动去记忆。

③引导孩子调动多感官去记忆。比如，让孩子记忆某种水果，可以让孩子多看看、摸摸、闻闻、尝尝，还可以把水果当成孩子的游戏工具，这样孩子就能从多方面获得感性认识了。

（3）训练孩子的感知灵敏度

感知觉是人脑对于刺激物各种属性的反映。感知觉能力强不强，很大程度上反映在感知觉的灵敏度上。比如，画家对颜色特别敏感，对颜色的感知能力特别强；音乐家对声音特别敏感，对音色的感知能力特别强。这并不是因为他们天生就具备这种感知力，而是后天训练得来的。因此，父母也可以训练孩子的感知灵敏度，以提高孩子的感知力，具体做法如下：

①让孩子观察昆虫爬行、金鱼游动、动物进食等活动过程，让孩子更好地理解"爬行""游""进食"等动作，同时提高孩子的观察力。

②布置一个森林般的环境，然后在"树丛""山洞"等不显眼的地方摆上小动物的玩具，让孩子在黑暗的森林里用眼睛分辨不同的动物。

③让孩子把一颗豆子放进瓶子里摇晃，听其发出的声音，再让孩子把多颗豆子放进瓶中摇晃，听其发出的声音。反复摇晃和听的过程，可以帮孩子更好地理解豆子多少和声音大小的关系。

④让孩子品尝不同的食物或水果，感受不同的味道，从而更好地体会酸、

甜、苦、辣、咸等概念，理解脆、硬、软、酥等口感概念。

⑤让孩子触摸各种物品，从而感知物品的形状、质感、体积，感受物品的粗与细、方与圆、粗糙与光滑等概念。

如何培养孩子的表达力

语言能力对孩子的个性发展有很大的影响。语言能力发展得比较好的孩子，往往思想活跃，性格开朗，喜欢与别人交往，动手能力比较强。相反，语言能力发展得比较差的孩子，则往往不善表达、沉默寡言，在参加活动的时候比较胆小、不爱表现。

3岁是孩子语言敏感期中最关键的一个时期，这一时期孩子的语言发育通常具备这样的特点：

①不知疲倦地"唠叨"——叽叽歪歪地说个不停，永远不知疲倦。

②词汇量迅速增加——孩子已经能够辨别和发出很多汉语拼音，以往很少说的代词、量词、副词等在这段时期可能会从孩子嘴里冒出来。

③开始会用人称代词——孩子最常说的人称代词就是"我"。孩子表达的是一种独立的欲望，以区分自己与外界事物。

④说话不流畅，有断句现象——在该断句的地方不断句，在不该断句的

地方断句，表达让人费解。

⑤语言功能越来越丰富——会使用多种多样的语言功能，比如，提问、回答、问候、告状、争吵、命令、请求等，尤其是提问。

当孩子3岁多时，如果父母经常与孩子对话，引导孩子说更多的词语，那么孩子的语言能力就会在语言敏感期内充分爆发，成为一个能说会道的"小演说家"。

遗憾的是，有些父母意识不到语言敏感期的存在，也不认为孩子的语言能力需要培养。他们以为孩子会说话是天生的，小的时候表达能力差，长大了自然会提高。结果，白白错失了语言敏感期，造成孩子"口拙嘴笨"。

5岁的映雪上幼儿园大班，在幼儿园里，她很少与同伴说话，不是她不想说，而是她不会说。同伴们能够流利地说出长句子，她只能吞吞吐吐地"挤牙膏"一样说出几个字词。

映雪为什么这样呢？原来这与她父母的教养方式有关。在家里，小映雪非常受宠，要什么东西伸手一指就能得到，导致错失了语言敏感期，错过了最重要的语言发育机会。

儿童心理专家指出，3岁是孩子语言发育的关键期，父母一定不能"无为而治"。在此，给父母一些建议，以便父母更好地抓住孩子的语言敏感期，培养孩子出色的思维和表达能力。

（1）理解孩子的喃喃自语和唠唠叨叨

有些父母对孩子唠叨感到厌烦，批评孩子不安静，强迫孩子"闭嘴"，这种做法是不对的，因为是孩子唠叨表达欲望的一种体现。这一时期他的语言能力正在迅速发展，孩子渴望表达。再者，现在的孩子长时间生活在家里，缺少玩伴，而大人忙于工作，也不怎么爱和孩子交流，使得孩子只好自言自语。因此，父母要用平常心宽容孩子的唠叨。如果时间允许，父母还应该多和孩子聊天。

（2）多引导孩子使用不同的人称代词

3岁左右是孩子的语言敏感期，也是自主意识的敏感期，当这两种敏感期碰到了一起时，孩子说出带有人称代词的句子也就不奇怪了。在这一时期，孩子最常说的人称代词就是"我"。孩子表达的是一种独立的欲望，以区分自己与外界事物。父母没必要担心孩子会变得自私、以自我为中心，可以试着多引导他说"你""他""我们""你们""他们"等代词。

（3）要多刺激孩子开口讲话

举个很简单的例子，假如，孩子用手指着苹果，你知道他想吃苹果，这时你最好别直接给他苹果，而要问孩子："你想要什么？说出来让我知道。"这样孩子就多了一次开口的机会。日常生活中，这样的机会到处都有，比如，父母和孩子在一起的时候，可以和孩子闲聊，问他最喜欢什么动物，让他描述一下这个动物；问他最喜欢什么玩具，让他说一下喜欢的理由；和他一起散步时，可以边走边唱儿歌，带着他一起唱，这都是锻炼孩子表达能力的有效方式。

（4）耐心倾听，不要随意打断孩子表达

有些父母见孩子说话结巴，会打断、纠正孩子，提醒孩子怎么说，这样反而加剧孩子的紧张情绪。正确的做法是，保持耐心倾听和充满爱的微笑，不给孩子提醒，也不去暗示孩子有结巴，而是顺其自然，让孩子自己慢慢表达出来。如果孩子实在表达不出来，父母可以转移话题，带孩子走出结巴时的懊恼情绪。

（5）对孩子的提问要耐心地回应

3岁还是孩子对细微事物的敏感期，这一时期的孩子好奇心十分强烈，在语言发育的过程中，父母一定要保持耐心，切不可对孩子的提问产生厌烦情绪，以免影响孩子思考的积极性。对孩子的提问，父母应积极应对，或告知孩子答案，或与孩子一起探索，或鼓励孩子独立思考，总之不能冷落孩子。

怎样培养会交际的孩子

　　人际交往是孩子成长过程中一个很重要的需求。我们所处的生活环境、面对的各种问题，其实都是由各种各样的关系形成的，所以，孩子在人际关系敏感期的启蒙教育将会为他们以后与人相处打下非常重要的基础。

　　4岁的甜甜上幼儿园的中班，最近一段时间她好像心事重重，情绪有些低，似乎在幼儿园里过得不开心。

　　这天临睡前，妈妈问她遇到了什么烦心事，她告诉妈妈两件事：一件事是，她很想和班里两个孩子一起做游戏，但遭到了他们的拒绝；另一件事是，有个小朋友把果皮扔在地上，她把这一情况报告给老师。老师批评了那个小朋友，那个小朋友对甜甜说，以后再也不和她玩了。

　　甜甜渴望与同学交往，但是未能如愿；她很想让小朋友守规矩、讲卫生，可是一不小心引起了别人的不满。甜甜这种渴望与人交往、处好关系的表现，是社交敏感期内的常见表现。

　　对于孩子与人交往的强烈需求，有些父母没有重视，他们认为孩子生活在幼儿园这样的集体环境中，自然能学会与人交往。可事实并非如此，因为真正的关系是在跟某个人产生一对一的联系的过程中发生的。因此，父母要有意识地引导孩子处理好人际关系。

（1）鼓励孩子和他人分享

懂得与他人分享是一种美德，也是一种重要的社交能力，通过分享可以让孩子与他人建立很好的关系。

①鼓励孩子与小朋友分享零食。在孩子学会与小朋友分享之前，父母可以引导孩子与家人分享零食。

②鼓励孩子与小朋友分享玩具。分享玩具就是拿玩具给别人玩，或相互交换、赠送，以此建立关系。

③鼓励孩子与小朋友做共同感兴趣的事情。一般来说，4～5岁的孩子会发现共同的兴趣爱好能够更好地与人建立关系。达到这种交往状态的时候，孩子的人际关系就会达到真正的和谐。生活中，我们可以看到几个孩子因共同的兴趣在一起玩得不亦乐乎，比如，一起玩轮滑，一起踢球，一起玩弹珠，等等。这种关系相对于前面两种分享所建立的关系更加稳固。

要注意的是，父母要尊重孩子的意愿，如果孩子不愿意分享，不要强迫孩子，而要循循善诱。父母还要告诉孩子，分享不是为了讨好别人，只是为了表达想与他人建立友好关系的意愿。

（2）引导孩子与他人平等相处

有些孩子在人际交往中，表现出来的是一种较强的控制欲，比如，希望别人听自己的话，按自己的要求去做游戏。相反，有些孩子则走向另一个极端，什么事都顺从他人的安排，甘愿成为被控制的对象。

身为父母，如果发现孩子的控制欲给人际关系造成了麻烦，或发现孩子因被控制而不舒服，那有必要教孩子与他人平等相处。对于控制欲强的孩子，父母要教孩子学会接纳他人的想法。对于不甘被控制的孩子，父母要鼓励他敢于表达个人想法，争取平等对待。

单方面的控制与被控制，都不利于孩子建立和发展人际关系。只有在大家都接受的规则范围内，彼此都能感受到平等时，孩子的人际关系才会稳固。这就是平等相处的魅力，也是父母应该教给孩子的人际交往智慧。

（3）孩子之间的矛盾，让孩子自己解决

孩子的思维大都是直线思维，与小伙伴发生矛盾时，往往会直接表达情绪，生气了就吵、就打，但过了一会儿，气消了，他们就会忘记之前的矛盾。所以，我们经常发现，孩子几分钟之前还是"敌人"，哭着说："我再也不和他玩了。"几分钟后又成了玩伴，在一起欢笑，好像什么事情都没发生过一样。因此，对于孩子之间的矛盾，父母完全没必要如临大敌、紧张兮兮。

洋洋从幼儿园回到小区时，见楼下有几个小朋友在玩，洋洋的妈妈就让孩子跟他们玩，自己站在一旁玩手机。过了一会儿，她听见洋洋哇哇大哭，回过头去一看，见洋洋被一个小朋友推倒了。于是，洋洋妈妈赶紧冲过去，对那个推洋洋的孩子大吼大叫，然后气呼呼地把孩子拉回家，嘴里还说："以后别跟他玩了！"

孩子之间发生矛盾是再正常不过的现象，这正是孩子学习处理人际关系的契机。父母最好让孩子自行解决，当然，孩子间有些矛盾，父母实在不得不介入时，应该主要针对自己的孩子去引导和教育，而且最好在私下进行。首先，要把孩子间的矛盾原因搞清楚；其次，再和孩子一起商量解决的办法；最后，父母要关注孩子的后续表现，如果孩子有进步，要予以肯定和表扬，如果孩子表现不佳，还需耐心教导。这样，孩子处理人际矛盾、建立人际关系的能力才会不断提高。

如何激发孩子的独立意识

　　从某一时刻起，你可能发现孩子喜欢说"我的""不""打"等字眼，他不允许别人动他的东西，也不愿意和别人分享，甚至还会动手打人。这些行为并不代表孩子自私、任性，而是表明他进入了自我意识敏感期。

　　自我意识敏感期的到来，意味着孩子的自我意识开始觉醒，孩子喜欢独立思考，热衷于动手尝试。瑞士儿童心理专家皮亚杰经过研究得出这样的结论：6岁之前的孩子，几乎将全部的热情和注意力集中在自我意识的构建中。正是这种全身心的投入，才使孩子慢慢形成自我、走出自我，学会思考、创新和独立。

　　一天晚上，睡觉的时间到了，妈妈给亚杰盖被子，他却一脚把被子蹬掉，嘴里说："不，睡着了才盖被子。"妈妈生气了，批评他两句，他还和妈妈犟嘴："就不盖，就不！"妈妈一气之下，干脆不理他，过了一会儿，妈妈偷偷从门缝看他，发现他已经盖上被子了。妈妈心想：这孩子怎么"口是心非"呀？

其实孩子说"不"，并不一定是拒绝，只是在表达一种自我意志，这是处于自我敏感期内的孩子的正常表现。很多时候，孩子嘴里说"不"，但行为上却照做。比如，你让孩子吃饭，孩子说不吃，但手却端起饭碗；你让孩子睡觉，孩子说不睡觉，但人却往房间走去。孩子这样言行不一的表现，只是不想被人要求，他渴望按自己的意志行事。

在孩子自我意识敏感期，父母要学会尊重和激发孩子的独立意识，让孩子成为一个能够独立思考问题、敢于表达想法、果断做决定的人。

（1）鼓励孩子独立思考问题

北京师范大学亲子教育研究机构发现，自我意识敏感期是培养孩子独立能力的重要时期。这种独立能力既包括日常生活上的独立，还包括思维上的独立。在孩子自我意识敏感期内，父母应顺应孩子的思维发展特点，引导孩子养成独立思考问题的习惯。

当孩子遇到疑问，向你求助时，你最好别告诉他答案，试着问他："这个问题你是怎么想的？"然后引导孩子去思考。生活中，你也可以主动问孩子："妈妈遇到了一个烦恼，希望你能给妈妈支个着！"对于孩子的想法，要多欣赏、多肯定，即使孩子的想法荒唐可笑，也不要直接否定，而要巧妙引导。久而久之，孩子的思维就会越来越开阔，思考能力就会越来越强。

（2）鼓励孩子大胆表达自己的想法

生活中，不少孩子有想法后不愿意表达出来，害怕想法不好，被人笑话。这往往是因为孩子的想法被人嘲笑、否定过造成的自卑心理。而有些孩子敢于表达自己的想法，这与父母平时的鼓励和肯定是分不开的。

周末，妈妈带 4 岁的女儿青青去逛街，看到路边有人在举办个人画展，于是便带着女儿去参观。在陪青青认真看完每一幅作品后，妈妈问青青有什么感想。青青说："像活的一样。"

4岁的青青能在参观画展后做出这般评价，让妈妈大吃一惊。妈妈笑着对青青竖起大拇指，肯定道："你说得太好了，妈妈也是这么认为的。"

当孩子表达想法时，父母能够认真倾听，并欣赏孩子的想法，孩子才会有自信表达更多的想法，思维能力才能得到激发和提升，自主意识才会得到强化。

（3）适时放手，让孩子独自解决问题

一天下午，4岁的林华在小区的草坪上踢球，妈妈在一旁和邻居聊天。突然，林华叫喊着跑到妈妈面前："小伟刚才踢了我一脚！"这时，小伟也跑上前来："是他先推我的！"这个时候，妈妈如果想平息孩子间的争执，完全可以站出来调解。但林华妈妈没这么做，而是对林华说："你们商量一下，看看怎么解决吧？"

林华和小伟对视了一眼，然后就愣在那里了。过了一会儿，林华凑到小伟耳边嘀咕了几句，然后他们又开心地玩了起来。回家后，妈妈问林华跟小伟嘀咕什么。林华说："我对他说，还踢不踢？他说踢。"

很多孩子遇到困难时，会第一时间找父母帮忙。如果父母总是满足孩子，帮孩子解决问题。时间长了，孩子很容易对父母产生依赖。这对培养孩子独立解决问题的能力是极为不利的。明智的做法是像林华妈妈那样，适时放手，让孩子独立思考、独立解决问题。

父母在放手让孩子独立解决问题期间，要多关注孩子解决问题的过程，而不是看重孩子解决问题的结果。当孩子独立完成一件事时，父母可以问孩子在其过程中发生了什么，是怎样应对的，这可以让孩子感到父母的重视，从而更加自信。

这些隐私部位趁早告诉孩子

"妈妈，我是从哪里来的？"

"妈妈，为什么我不能扎辫子？"

"妈妈，为什么我不能像哥哥那样站着小便？"

······

诸如此类的问题，往往会让父母非常尴尬，不知道如何回答。别慌张，其实这是孩子进入性别敏感期的表现。这一时期，父母对孩子性别方面的问题的态度，决定着孩子能否顺利度过这一敏感期，还关系到孩子的安全感和幸福感。

3岁多的涛涛最近对于"我从哪里来的"这个问题特别感兴趣。此外，他还很关心这些问题："为什么妞妞能扎小辫儿？""为什么妈妈的胸部比爸爸的大？""为什么我要站着小便？"

妈妈还发现，涛涛最近开始对异性表现出好感。他乐于和异性小朋友交往，也更愿意在异性小朋友面前表现出自己乖巧的一面。甚至有时候会当众做一些令人尴尬的举动。比如，掀起妈妈的衣服要求吃奶，或者大声问小女孩："你怎么不理平头"？

涛涛的表现说明他的性别敏感期来临了。在这一时期，孩子会通过各种方式积极地探索并认识自己的身体器官。比如，他们会对异性的身体和功能差异产生疑问，并积极模仿同性别的成年人的行为。这些看似不起眼的变化，对孩子将来的社会角色定位、家庭角色定位，都有非常重要的影响。

通常来说，孩子在生理上的性别认识比较容易掌握，但是他们还需要在心理上理解性别概念，理解自己在社会行为中所扮演的角色，这就是我们常说的性别角色认同。有时候，孩子生理上的性别和心理上的性别并不完全一致，这会给孩子带来困扰，造成痛苦。因此，父母有必要帮孩子认识性别和理解性别角色。

（1）正视孩子关于出生的疑问

当孩子问你"我是从哪来的"时，你不要随便编个谎言敷衍孩子，比如："你是我从垃圾堆里捡来的！""你是从石头缝里蹦出来的。"而要采用一定的技巧回答孩子。

有个 4 岁的女孩问："妈妈，我是怎么来的？"

妈妈说："你是妈妈生出来的。"

女孩问："怎么生出来的呢？"

妈妈想了想说："就像地里种的花生，从最开始一粒花生米，长成后来的一株花生，结出果实。你最初就是一粒种子，是爸爸把这粒种子种在了妈妈身体里，然后种子在妈妈身体里生根、发芽，慢慢成长，10 个月后就有了你。"

女孩若有所思地点了点头。

这位妈妈对于孩子出生的问题，回答得非常形象。如果有机会的话，妈妈可以带孩子去医院产房探望亲友，并向孩子解释出生的问题。这样孩子就很容易明白自己是从哪里来的了。更为关键的是，要让孩子知道他是爸爸妈妈相爱的结晶，与爸爸妈妈有着血缘的联系，这种关系会让他产生强烈的安全感。

（2）教孩子认识身体的各个器官

不论男孩还是女孩，在性别敏感期都会对身体的部位产生好奇。比如，这个身体部位叫什么？有什么用？等等。这时，妈妈要抓住机会，教孩子认识身体的各个器官。

（3）加深孩子对自身性别角色的认同

当你被孩子问到关于性别的问题时，你除了简单告诉他"这是男性和女性的生理区别"等信息之外，还应该有意识地引导他对自身性别角色的认同。比如，男孩子，妈妈可以告诉他："胡须是男孩的标志，男孩就要有男孩的样儿，要独立、坚强、宽容。"如果是女孩子，妈妈可以告诉她："将来你会有隆起的胸部，女孩要温柔、大方、自尊、自爱。"

（4）学会理解孩子的某些反常行为

处于性别敏感期的孩子，有时候会表现出反常的行为。比如，男孩会对女孩特别友好，甚至会主动触摸女孩的屁股、手、脸等部位。这一时期，男孩还喜欢观察妈妈的身体。妈妈要理解孩子，千万别嘲笑他，说他是"小色狼"，而要积极引导孩子，给他讲解性别知识，满足他的好奇心。

再比如，女孩可能会变得特别爱美，会穿妈妈的高跟鞋，涂抹妈妈的化妆品。妈妈切勿嘲笑孩子"这么小就臭美，长大了还得了"。事实上，爱美之心人皆有之。女孩在三四岁时，就已经开始注重自己的形象了。针对孩子爱美的表现，妈妈要客观地看待，同时引导孩子树立正确的审美观，形成关于美丑的判断能力。

什么是"儿童婚姻敏感期"

"妈妈，我有男朋友了！"读幼儿园大班的芳芳一进门就高兴地向妈妈宣布"好消息"。

"什么？你有男朋友了？到底是怎么回事？"妈妈心头一惊，赶紧了解事情原委。

原来，芳芳今天穿了一件白色的羽绒服去幼儿园，平时和她玩得好的男孩对她说了一句："你真漂亮啊！可以做我女朋友吗？"芳芳想都没想，就答应了。然后，他们牵了牵手，以示约定。这不，芳芳回到家里，就高兴地报喜了。

婚姻敏感期是孩子心智发展过程中的必经阶段，一般出现在4～6岁的年龄段。很多父母会发现，从幼儿园中班开始，孩子变得热衷于讨论"结婚"的话题，有些孩子甚至3岁就进入婚姻敏感期。

处于婚姻敏感期的孩子，对爱情、恋爱、结婚、亲吻、牵手、拥抱等话题都很感兴趣，经常问爸爸妈妈结婚的问题，甚至模仿恋人的亲密举动。在玩过家家的游戏中，还会扮演丈夫、妻子、孩子等角色，体验成人世界的婚姻和家庭生活。父母对孩子的言行没必要大惊小怪，而要心平气和地跟孩子交流，引导孩子树立正确的婚姻观。

（1）正面回答孩子关于婚姻的问题

在婚姻敏感期，孩子会提出关于婚姻的各种各样的问题。比如，孩子会问："为什么爸爸妈妈要结婚？"这时，父母要用孩子能够理解的语言，正面给孩子一个合理的解释。父母可以说："因为爸爸和妈妈相爱！"得到这样的回答后，孩子就会明白相爱是婚姻的基本要素。

父母千万不要逃避孩子的提问，也不要随便敷衍，更不要训斥孩子。如果孩子因为父母的态度而对婚姻问题产生误解，那将会影响孩子今后的恋爱和婚姻。

（2）与孩子轻松谈论"喜欢谁"的问题

当孩子和你谈论"喜欢谁""和谁结婚"的问题时，千万不要板起面孔说教，这样很容易伤害孩子的自尊心，更有可能误导孩子对婚姻的看法。你应该放松心情，和孩子聊一聊这方面的问题，比如，你可以问他："你喜欢她什么呢？"孩子可能说："她很漂亮，很热心，经常帮助我！"你可以说："那真是个不错的姑娘，你也应该多帮助她，是不是呢？"通过这样的交谈，可以让孩子更单纯地看待同伴之间的相互帮忙。

（3）不要嘲笑或批评孩子

孩子在婚姻敏感期是非常敏感的，他会对婚姻问题进行初步的探索。由于孩子的想法比较单纯，往往对婚姻的理解很简单，可能会说出可笑的言论，做出令人捧腹的行为。这个时候父母千万别嘲笑或批评孩子。否则，孩子可能会逐渐放弃对婚姻问题的探索，甚至会对婚姻产生畏惧感。

父母应该通过耐心的讲解和引导，让孩子明白婚姻是一件神圣的事情。尽管孩子可能不理解其中的深意，但父母对他的正确教育，却能让他终身受益。

怎样培养孩子的自驱力

在孩子成长的某个阶段，你会发现他对阅读特别感兴趣，表现为：

①特别爱翻书，不管看得懂还是看不懂，都要翻一翻。如果遇到能看懂的书，或好看的图画，他会不停地、反复地翻看。

②在有书的地方表现得很兴奋，比如，图书馆、书店、家里的书房，会上蹿下跳，不停地找书翻。

③经常吵着让你给他讲故事，有时候还会把听过的故事讲给你听，甚至还能自己编故事。

④喜欢指着书上的文字阅读，就算不认识字，就算看不懂，也有模有样地喃喃自语。

通常来说，孩子的阅读敏感期在四五岁，往往不超过 6 岁。心理学家玛丽安娜·沃尔夫经研究发现，儿童在阅读的时候左脑和右脑是一起工作的，且效率高、兴趣高。但是过了阅读敏感期，孩子的阅读效率、阅读兴趣会有所减弱。到了成人阶段，阅读时基本上只有一半大脑半球在工作。所以，6岁之前是培养孩子阅读兴趣和自觉学习能力的关键期。那么，父母应该怎么做呢？

（1）给孩子提供感兴趣的书籍

要想保证你给孩子的书是孩子爱看的，那就必须确保你所选的书是孩子感兴趣的。为此，要坚持三个选书原则：

①图文并茂。给孩子买的书最好以图画书为主，书中可以穿插一些简单的文字，但文字不宜太多。另外，字体最好大一点，字上面标有拼音，便于孩子对拼音产生兴趣。

②薄书为好。给孩子买的书最好别太厚，厚书拿在手上很沉，孩子要读很久才能读完，这会让孩子觉得很累。而薄书则不一样，很快就能翻完、读完，这样孩子的内心会产生一种成就感和愉悦感。读完之后还想读，意犹未尽。

③协商选书。给孩子买书时，父母最好带着孩子去书店、图书馆看书，并观察孩子对什么类型的书感兴趣。同时，父母可以和孩子聊聊他喜欢的书，并在买书时征求孩子的意见。这样买回来的书，孩子觉得是自己选的，往往会比较认真地阅读。

（2）为孩子创造良好的家庭阅读氛围

培养孩子的阅读兴趣和阅读习惯，离不开良好的家庭阅读氛围。如果一家人都喜欢看书、看报，每天茶余饭后都会抽空看书，那无形之中会影响到孩子。孩子会有样学样，也拿着书阅读。所以，父母及其他家庭成员最好能从自身做起，为孩子带个爱阅读的好头。这对于培养孩子的阅读兴趣至关重要。

另外，如果条件具备的话，父母最好给孩子布置一个阅读专区，或在书房，或在孩子的房间，或在家里某个角落，放一个小书架、一张桌子、一把椅子。

书架上可放置孩子喜欢的多种图书，供孩子随时翻阅。

（3）确保阅读是孩子的自愿行为

培养孩子的阅读兴趣切不可强迫孩子，而要让孩子自愿去做。当孩子不想阅读时，应顺其自然，而不要强迫。另外，为了避免孩子对阅读产生厌烦情绪，父母还应做到：

①尽可能陪孩子阅读。当孩子阅读时，父母最好也能拿起书籍、报纸，陪孩子一起阅读。不要在孩子读书的时候看电视，这会让孩子分心。

②控制每次读书的时间。孩子每次阅读的时间不宜太长，控制在 30 分钟为宜。时间太长，容易造成孩子视觉疲劳，注意力容易分散。

③阅读也要注意劳逸结合。阅读兴趣的培养不能急于求成，而是一个循序渐进的过程。每次阅读时，都要注意让孩子劳逸结合。比如，在 30 分钟的阅读时间里，每阅读 8 分钟，可让孩子休息 2 分钟。这样，就把 30 分钟分割为三个阅读时间段，可以避免孩子疲劳。

（4）亲子共读增加阅读的趣味性

在亲子共读时，父母可以和孩子玩一些互动。比如，父母读一句，孩子读一句，交替着朗读。当孩子遇到不认识的字时，父母提醒一句即可，然后继续往后读。读完一段或一个故事，父母可以和孩子谈谈故事内容，鼓励孩子发表感想。

父母还可以把书合上，让孩子把刚才阅读的故事复述一遍。这样可以考验孩子的记忆能力和理解能力，锻炼孩子的表达能力。如果孩子复述时出现卡壳，父母可以适当提醒，鼓励孩子用自己的语言把故事讲完，从而进一步提高孩子对阅读的信心和兴趣。

Chapter

3

父母怎么说，
孩子才肯听

父母善于沟通，让孩子主动说出成长的烦恼，同时听得进父母的引导，是一切教养行之有效的前提。父母应该放下家长的权威，站在孩子的角度想问题，和孩子平等交流，这样才能走进孩子的内心，帮他赶走负面情绪，让他的心灵充满温暖的阳光。

你的拥抱价值百万

亲子交流的方式多种多样，除了语言交流，还包括肢体交流。其中，最能表达情感的方式是"拥抱"。心理学研究表明，孩子生下来就渴望被父母拥抱、爱抚，这是一种本能的需要。孩子越小，越渴望得到父母的拥抱。

美国著名的心理学家赫洛德·傅斯博士说过："拥抱可以消除沮丧——能使体内免疫系统的效能上升；拥抱能为倦怠的躯体注入新能量，使你变得更年轻，更有活力。在家庭中，每天的拥抱将能加强成员之间的关系，并且大大减少摩擦。"

令人不解的是，很多家长没有拥抱孩子的习惯，尤其是在公众场合，当孩子伸开双手，想要得到拥抱时，大人总是显得羞于拥抱孩子。在家里，主动拥抱孩子的家长就更少了。

当孩子笑脸盈盈地跑向父母时，父母往往会说："你自己玩去！"

当孩子泪流满面，拉着父母的衣角时，父母往往会说："有什么好哭的，你都多大了。"

当孩子生病、受伤、受委屈，无助地看着父母时，父母往往说："你是个坚强勇敢的孩子。"

……

父母可以花 10 分钟给孩子讲大道理，却舍不得花 3 秒钟蹲下身子和孩子紧紧拥抱。也许父母不知道，对于孩子来说，他们的拥抱比世界上最甜的糖还甜，胜过一切新玩具。

项女士说，每次女儿生病去医院打针时，总是安安静静地趴在她怀里。无论打针、吃药、输液，她也会哭，但不会大吵大闹，配合度很高。为什么女儿这么乖呢？她认为这是拥抱的力量。

项女士经常拥抱女儿，每天早上起床，给孩子一个大大的拥抱；每天晚上睡觉，给孩子一个暖暖的拥抱。在白天，只要孩子走向她，她就会蹲下来跟孩子拥抱一下。如果孩子在她的怀里不愿意离开，她会多拥抱一会儿。

项女士说，每当她看到小孩子哭闹，父母训斥孩子，跟孩子讲道理时，她都很想冲上去对他们说："你先抱抱孩子啊！"她认为从来没有抱坏的孩子，在妈妈怀抱里的孩子才是最懂事的。

渴望得到拥抱不仅是生理的需要，更是心理的需要。在拥抱中，孩子可以得到安全感和信任感。拥抱还能缓解或平息孩子浮躁的情绪，有利于更好地与孩子进行心贴心的沟通。

（1）父母每天应该抱孩子多少次？

中国青少年研究中心家庭教育首席专家、研究员孙云晓曾给出一个关于拥抱孩子的量化标准：一个孩子一天需要 4 次拥抱，才能存活；8 次拥抱，才能维持；16 次拥抱，才能成长。

扪心自问，你做到了吗？算一算，你欠了孩子多少个拥抱呢？要想每天拥抱孩子 16 次，你必须有随时随地拥抱孩子的意识。当孩子夜哭时，你要拥抱孩子，哄孩子安静入睡；当孩子生病，身体不舒服时，你要拥抱孩子，给他传递温暖和坚强的力量；当孩子撒娇时，你要拥抱孩子，教会孩子懂事。孩子的世界远远没有你想象的那么复杂，你不用害怕拥抱多了，把孩子宠坏了。事实上，你给孩子的拥抱够了，孩子就不会再索取什么了。

（2）不同年龄的孩子怎么抱？

孩子 0 ~ 3 岁，父母必须每天抱孩子。

孩子 3 ~ 6 岁，父母要经常抱孩子。

孩子 6 ~ 12 岁，孩子每天放学回来后，父母要拥抱孩子；或在接孩子时，拥抱孩子。

孩子 12 岁以后，父母可以视具体情况来拥抱孩子。

（3）拥抱既需要理由，也不需要理由

拥抱孩子需要理由吗？也许需要。当孩子比赛取得好成绩时，跟孩子拥抱一下，以示祝贺；当孩子失败了，心情不佳时，跟孩子拥抱一下，以示安慰；当与孩子分离一段时间后见面时，跟孩子拥抱一下，以示想念和关爱。拥抱孩子真的需要理由吗？也许不需要。生活中随时随地你都可以通过拥抱给孩子传递爱和温暖。

当然，随着孩子年龄增长，在拥抱孩子时，你要考虑孩子的意愿。如果孩子不反感、不排斥，那大可尽情地拥抱。如果孩子不太愿意，那请尊重孩子的意愿。比如，孩子大了，有了清晰的性别意识，这时他们在公共场合可能不太希望被父母拥抱——男孩不希望被妈妈拥抱，女孩不希望被爸爸拥抱。

为什么孩子不理解父母的苦心

经常看到父母语重心长、喋喋不休地跟孩子讲道理，但孩子却毫不在意，依然我行我素。为此，父母满腹委屈："为什么孩子不理解我的苦心？为什么不肯听我的话呢？"

之所以出现这种情况，往往是因为父母急于纠正孩子的问题，没有先接纳孩子的情绪，没有顾忌孩子的感受。

兵兵在院子里玩小汽车，童童看见了，就过来把汽车抢去了。兵兵生气极了，一边追着童童，一边大声要求他归还小汽车。一旁的兵兵妈妈见状，对兵兵说："别那么小气嘛，借给童童玩一玩，用得着大呼小叫吗？"

兵兵见妈妈没有理解他的感受，反而指责他，心里更难受了，忍不住哭了起来。

妈妈见兵兵哭了起来，有点生气地说："有什么好哭的，至于吗，多大点事儿？"没想到兵兵听了这话，哭得更厉害了。

这时童童妈妈看不下去了，赶紧走过来对兵兵说："是不是童童抢了你的玩具，让你很难过？"

兵兵说："是的，我正玩呢，他抢了我的玩具。"

"童童没经过你的同意拿走你的玩具是不对的，是吗？"

"是的，他这样做不对。"此时，兵兵感到自己的情绪被理解、被接纳了，心情好了很多。

童童妈妈顺势引导道："是啊，我要批评童童。你是个懂事的孩子，不要生气了好吗？其实童童也没有恶意，他只是觉得你的玩具好玩，想体验一下，你让他玩一会儿好不好？"

兵兵点了点头，很大方地同意了。

为什么兵兵妈妈没有让兵兵情绪平复下来，而童童妈妈却让他情绪平复了呢？对比一下两位妈妈的教育方式，你会发现：童童妈妈先接纳兵兵的情绪，再引导兵兵面对问题，让他充分感受到了尊重和理解。这样做，孩子会比较愿意与父母沟通，并配合父母。

（1）别冲动，用平常心面对孩子的问题

无论孩子有怎样的不良表现，父母首先要忍住批评孩子的冲动，用平常心面对孩子的问题。如果父母一开始做不到这一点，那么再谈接纳孩子的情绪就会无效。

舒太太最近过得不太舒心。活泼开朗的儿子本来很期待上小学，可没想到新学期开始后，儿子频繁地被老师批评，她还多次被老师请到学校。最多的一天，儿子居然被老师批评了5次。

这天，老师又给舒太太打电话，汇报孩子在校的不良表现。等儿子回到家，她非常气愤地质问儿子怎么回事。儿子显然意识到了事情的严重性，低下头，轻声细语地说："因为我上课说话……摇晃身体……发呆，还有做操的时候不

好好站队……推挤同学。"

她忍不住脱口而出："那你活该，谁叫你不好好听课，不遵守纪律？"舒太太既担心儿子上学的积极性受打击，又对孩子的不良行为感到生气，但除了发脾气，她却不知道该怎么办。

孩子上学调皮捣蛋，不认真听讲，这不是什么奇怪的事情。作为妈妈的舒太太做不到用平常心去面对这个问题，忍不住批评孩子，对孩子的不良行为说"风凉话"。这对于后续的沟通是极为不利的，因为当孩子得不到妈妈的理解和接纳时，会本能地产生排斥心理。

正确的做法是，无论孩子出了什么问题，父母都应该保持冷静。你可以平静地对孩子说："真是太糟糕了，我想你现在的心情也不好受，对不对？"此话一出，孩子会想：原来爸爸妈妈知道我的感受，他们理解我的心情。接下来，孩子就很容易向父母吐露更多心声。

（2）当孩子发泄不良情绪时，不要强硬地阻止他

当孩子被人欺负、被人误解，感到委屈时，难免会有不良情绪，比如，伤心难过、哭泣、大喊大叫等。这时父母不要强硬地阻止孩子表达情绪，不要对他说："你再大喊大叫试一试，看我不打你！""别哭了，有什么好哭的？丢不丢人！"

正确的做法是，用"共情"的方式跟孩子说话——蹲下来看着孩子，拥抱孩子，对孩子说："想哭就哭吧，妈妈知道你心里难过，哭出来会好受些。换作是我被人误解了，我也会感到委屈伤心。"当你说完上面的话时，孩子会觉得"妈妈真的知道我的感受"。这时他的情绪会平复很多。再加上妈妈的拥抱和抚摸，孩子会感觉更好。

（3）在孩子情绪平复之后，告诉他你的真实想法

当孩子发泄完不良情绪后，他的情绪会平复下来。这时，你再跟孩子聊聊具体的问题。比如，对孩子说："妈妈担心你长时间看电视会损伤视力，也担心你交不到朋友。所以，妈妈希望你少看一点电视，多出去和伙伴们玩一玩。你觉得好不好呢？"只要你语气温和，相信孩子会愉快地接受你的建议。

给孩子提建议，少给孩子发命令

"快把玩具收了！"

"快去洗脸刷牙睡觉了！"

"快去写作业，不准看电视！"

"吃饭的时候不准玩手机！"

……

这些话你是否觉得耳熟？这些都是父母经常命令孩子的话。尽管这些事情是孩子应该做的，父母也是为了孩子好，但命令的语气让孩子感受不到尊重和平等，有损孩子的自尊心，让孩子很不舒服，从内心产生抵触情绪。

一天，6岁的媛媛突然问："妈妈，为什么只能大人命令小孩，小孩不能命令大人？"

"因为妈妈的责任就是抚养你长大成人，如果你做得不好，那么我也会命令你。命令是为你好！让你知道怎么做是对的。"听完妈妈的话，媛媛脸上露出了一丝不满的表情。

此后的某一天，妈妈问女儿："媛媛啊，我希望你现在把电脑关掉去写作业，你觉得如何？"

媛媛马上高兴地说："妈妈，就是这种感觉呀！"

"什么感觉？"

"就是你跟我说话的感觉啊，你说的是希望我做什么，而不是命令我快去做什么！"

妈妈明白了媛媛的意思，知道她希望自己用商量的语气和她沟通，而不是命令。回想起自己往日跟女儿说话的语气，她立刻意识到了自己的问题，于是她向女儿道了歉。媛媛立刻高兴地扑到妈妈怀里。

孩子与父母在人格上是平等的。父母虽然抚养孩子，给孩子提供衣食住行，教育孩子做人做事，但不能以居高临下的姿态跟孩子说话，处处命令孩子，因为这样很容易激起孩子的逆反心理。

智慧的家长应该以平等的姿态与孩子相处，在与孩子沟通时，应该多用商量和建议的口吻说话，而不是命令的口吻。这样才能让孩子感受到平等，孩子才会变得自尊、自信。例如：

"我希望你把玩具收拾一下，可以吗？"

"好像到了该关电视睡觉的时间了，是不是啊？"

"如果你在爸爸妈妈午休时安静下来，我们会觉得更舒服，你愿意这样吗？"

当然，并不是什么事情都要用商量的语气和孩子沟通。当孩子做了危险的事情时，父母必须坚决地命令孩子。比如，孩子横穿马路时追逐打闹，攀爬高墙，在野外玩水，等等，父母应该命令孩子立刻停止，并说明理由和可能的后果。

具体来说，父母怎样才能与孩子平等沟通，而不是命令呢？

（1）通过细节表达对孩子的期望

很多父母教育孩子喜欢讲道理，其实孩子是最反感听大道理的。聪明的父母不会讲太多道理，而是善于通过一些细节表达自己的想法。这样做不仅不会引起孩子反感，而且能达到教育的目的。

一天，米莉放学回来晚了，妈妈没有问她干什么去了，而是叫米莉赶紧吃饭。吃饭时，妈妈告诉米莉："桌上的菜是特意为你准备的，你没回来我都舍不得吃。我还在门口看了很多次，盼着你早点回来。"

米莉听了这话，主动解释说："我陪同学去买辅导资料了，所以回来晚了。对不起，妈妈，下次我不会这样了！"

妈妈说："米莉，妈妈知道你是个有责任心的孩子，相信你不会在外面惹麻烦，但是妈妈会牵挂你，担心你遇到坏人或交通危险。所以，妈妈希望以后你不能准时回家时，给妈妈打个电话。"

米莉点了点头，说："嗯，我知道了！"

在这个案例里，为什么妈妈没跟女儿讲一句大道理，但女儿却认识到了自己应该怎样做呢？因为整个对话中，妈妈通过一个细节让女儿感受到了尊重和平等。

（2）用暗示的方式引导孩子的正向行为

孩子是健忘的，经常会忘记时间，忘记规矩，老毛病重犯。这时父母没必要对孩子发脾气，命令孩子应该怎么做，而应该委婉地提醒和暗示孩子，让孩子意识到自己的问题，这比命令更有效。

一天，章先生看到儿子和小朋友玩游戏时，准备拿玩具砸同伴。看到这一幕，他马上叫停了儿子。"等一等。"然后对儿子说，"那么大的玩具，砸到身上会不会很疼呢？赶紧放下来吧！"儿子听了，很配合地放下来了。

"会不会很疼呢？"这一提问可以引起孩子换位思考：如果别人用玩具砸他，他的感受如何？这种委婉的暗示既照顾了孩子的自尊，又纠正了孩子不良的行为，不失为与孩子平等沟通的良方。

（3）提醒孩子该做什么，并给他回旋的余地

父母在提醒孩子的不当言行时，有时候孩子依然不听话。比如，父母对孩子说："睡觉时间到了，是不是要上床睡觉了？"可孩子却噘着嘴说："不嘛，我还要玩一会儿。"

为了避免出现这种情况，父母在提醒孩子时，可以给孩子一点回旋的余地，既能满足孩子的需求，又能让孩子更自觉。比如，父母可以说："这个玩具真好玩啊，可是时间已经很晚了，该去睡觉了，是不是呢？要不你再玩5分钟吧，5分钟后去睡觉，好吗？"前半句是在提醒孩子睡觉时间到了，后半句是充分照顾孩子的面子和需求，避免引起孩子逆反和抗拒情绪。在这种情况下，也许孩子不到5分钟，就会主动去睡觉了。

为什么不要当众批评孩子

每个孩子都有自尊心，孩子越大自尊心就越强。而当众批评是伤害孩子自尊心最常见的一种行为，也是很多父母经常忽视的问题。

生活中，有些父母经常当众批评孩子，由此引起孩子的不满和敌对情绪，还浑然不知。反过来，父母还批评孩子不听话，这又加剧了孩子的逆反情绪。

一个周末，宁涛邀请几个同学来家里玩。当他们玩得正开心时，妈妈回来了，看到家里乱七八糟的，便火冒三丈，当着同学的面把他骂了一顿。

宁涛觉得很没面子，自尊心受到了严重的挫伤。同学们也感觉下不了台阶，一个个不好意思地回家了。宁涛一气之下，就到爷爷家去住了，每天都从爷爷家直接去学校。母子俩冷战了两个星期，最后，还是妈妈主动承认错误，才化解了这场闹剧。

父母当众批评孩子，不仅会损伤孩子的自尊心，还会导致孩子产生自卑甚至自闭的倾向。这不利于孩子建立健康的人格，形成良好的性格。所以，父母应该充分照顾孩子的自尊心和感受，尽量避免当众批评孩子。

英国教育家洛克说过："父母不宣扬子女的过错，则子女对自己的名誉就越看重，他们觉得自己是有名誉的人，因而，更会小心地去维持别人对自己的好评；若是你当众宣布他的过失，使其无地自容，他便会失望，而制裁他的工具也就没有了，他越觉得自己的名誉已经受了打击，则他设法维持别人的好评的心思也就愈加淡薄。"

事实正如洛克所言，孩子若被父母当众批评、揭短，那么孩子自尊、自爱的心理防线就会崩溃，甚至会变得自暴自弃。所以，请父母不要当众批评孩子。

（1）给孩子面子，家长才有面子

有时候，家长会为了维护自己的面子而当众批评孩子。比如，带孩子参加聚会，看见别人家的孩子礼貌地向他人问好，而自己的孩子不和别人打招呼，甚至别人跟他打招呼，他也爱答不理。大人在聊天时，孩子一个劲儿地乱跑乱窜，调皮捣蛋。家长看在眼里，气在心头，可能就会把孩子拉到跟前痛批一顿。结果，孩子大哭大闹，搞得气氛很尴尬，家长也很没面子。

其实，孩子也是爱面子的，家长给孩子面子，自己才有面子。比如，家长可以把孩子叫到一边，悄悄地提醒孩子几句，让孩子明白哪些行为不当。这样照顾了孩子的面子，孩子不跟你抬杠，你也就有面子了。

（2）允许孩子犯错，但要帮孩子改正错误

著名教育家苏霍姆林斯基曾经说过："在影响孩子的内心世界时，不应该挫伤他们心灵中最敏感的一个角落——自尊心。"他还说过："要像呵护荷叶上晶莹的露珠一样呵护孩子的心灵。"

孩子在成长过程中犯错是正常的，父母应该用平常心去对待，教育孩子

从错误中吸取教训，改正错误。在这个过程中，父母要根据孩子的个性特点，采用合理的方式，在合适的地点进行。比如，把孩子叫到无人的角落，带孩子去没有人的房间，或回到家里再温和地教育孩子。

（3）委婉提醒孩子改正不良行为

当你和孩子在公众场合活动时，如果发现孩子有不良的行为表现，你大可不必动怒，正确的做法是小声地提醒孩子注意自己的行为。比如，孩子大喊大叫，影响到了别人，你可以对他说："宝贝，如果你能安静一点，大家会很开心的。""受人欢迎的孩子是不会大喊大叫的。"这样的提醒能让孩子感受到尊重，让孩子乐于配合你，从而改正自己的行为。

在这种教育下，孩子会形成一种自重、自爱、自尊，在人际交往中，孩子既懂得尊重自己，又懂得尊重他人，所以就会得到别人的尊重，在生活中也能变成一个活泼开朗、积极进取、责任感强的人。

怎样给孩子提供"糖衣炮弹"

著名教育家陈鹤琴曾说过："无论什么人，受激励而改过，是很容易的，受责骂而改过，就比较不容易。而小孩子尤其喜欢听好话，不喜欢听恶言。"因此，父母在批评教育孩子时，最好在批评的话语中裹一层糖衣，通过表扬达到批评教育孩子的目的。

在这方面，著名教育家陶行知"四块糖"的故事，能给家长带来深刻的启示。

陶行知在担任育才小学校长时，有一次看到一个男生用泥块砸同学，当即予以制止，并叫他放学后到校长室去。

放学后，当陶行知回到办公室时，这位男生已经等候在那里，低头等着挨训。陶行知一面递给他一块糖，一面说："这块糖是奖给你的，因为你按时到了，我却迟到了。"男生感到很意外。

话音未落，陶行知又掏出一块糖递给男生："第二块糖也是奖给你的，因为当我不让你砸同学时，你立即停手了，这说明你很尊重我。"男生疑惑地接过第二块糖。

陶行知掏出了第三块糖，说："我已经调查过了，你之所以用泥块砸同学，是因为他欺负女生，这说明你正直、善良，敢和坏人坏事做斗争，所以应该奖励。"

男生接过第三块糖后，忍不住哭着说："校长，你打我两下吧，我错了，我砸的不是坏人，而是自己的同学呀！"

这时，陶行知拿出第四块糖递给他，温和地说："你已经知错了，再奖励你一块！"

糖奖励完了，谈话也结束了。

在日常生活中，父母如何像陶行知那样，把批评的话变得顺耳中听，让孩子在和风细雨中接受教育呢？

（1）先肯定孩子好的表现，再指出孩子的错误

美国著名的演讲家戴尔·卡耐基曾说："矫正对方错误的第一方法——批评前先赞美对方。"对于犯了错的孩子，在批评之前，不妨先肯定孩子好的表现，再指出他的错误。通过先扬后抑的方式，减少孩子的逆反情绪，让批评的"良药"顺利进入孩子的内心，从而"药到病除"。

一天下班回来，妈妈发现鱼缸里的金鱼都翻肚皮了。鱼缸里的水又白又稠，鱼缸边还有几个牛奶盒子。妈妈猜想这肯定是女儿凡蕊干的好事，就把凡蕊叫过来问发生了什么事情。

凡蕊说："妈妈，你说牛奶有营养，喝了可以长高，我就给小金鱼喝了。"

妈妈这才明白凡蕊的想法，立即就原谅了她。她对凡蕊说："你真有想法，为了让金鱼长得快，你舍得把牛奶给金鱼喝，妈妈要表扬你。可是，你要先搞清楚金鱼喜不喜欢喝牛奶，你看，金鱼都死了，你说可惜不可惜？"凡蕊知

错地点点头。妈妈摸了摸她的头，详细地告诉她为什么金鱼不能喝牛奶。

让孩子认识错误，并不一定非要吹胡子、瞪眼睛。父母完全可以不发脾气，给批评裹上一层糖衣，让孩子先尝到甜头，再指出孩子的错误。这样孩子更容易接受，亲子关系也会更和谐。

（2）把批评变成期望，明确地告诉孩子

心理学上有一个著名的皮格马利翁效应，指的是人们基于对某种情境的知觉而形成的期望或预言，会使该情境产生适应这一期望或预言的效应。简单地说，就是期望会产生出人意料的效果。

比如，孩子上课认真听讲，学习也很刻苦，成绩也不错，但就是上课经常迟到，而且就迟到那么一会儿。妈妈得知这一情况后，对孩子说："妈妈和老师都希望你准时上课，给班里同学带个好头。那样同学们就会很钦佩你，我们相信你一定能做到。"这种饱含信任和期望的批评，能让孩子很快就克服缺点。

（3）用幽默的方法指出孩子的错

著名作家老舍先生说过："用幽默的方法指出他人的过错，比直截了当地提出更能为人接受。"幽默的批评使人在欢声笑语中受到启示，认识到错误，从而积极地改正错误。

加班回到家，姜女士见饭桌旁边的地上有很多鸡骨头，便厉声问道："谁干的？赶快扫掉！"见孩子和老公都不说话，她很快就镇静下来，说："我现在去找几只猫，你们一定要保护好现场啊！"说完就进到洗手间。过了几分钟，当她从洗手间出来时，发现地板已经被打扫干净了。

在这里，姜女士没有点名批评孩子或老公，而是用幽默的口吻提醒他们打扫地板，收到了不错的效果。如果她生气动怒，大呼小叫，想要孩子和老公都承认错误，主动打扫卫生，就会变得十分困难。

如何教孩子换位思考

引导孩子换位思考，可以使孩子摆脱以自我为中心，站在他人的角度看问题，从而变得有同理心，减少很多不必要的沟通成本。比如，孩子不会嫌爷爷奶奶唠叨，因为他知道这其中充满关爱，也能理解爸爸妈妈望子成龙、望女成凤的殷切期望，还能理解老师的严格与苛刻。

生活中，有些孩子被家长宠坏了，表现得有些娇惯和霸道。家长就很有必要引导孩子学会换位思考。

一位妈妈在育儿日记中讲了这样一件事：

我给儿子买了一本《动物世界》杂志绘本。这天他放学回家，我看见家里有两本《动物世界》，一本是崭新的，一本是旧的，封面还破损了。

我问他怎么回事，他告诉我，前几天，同桌借他的《动物世界》看，不小心把封面撕破了。他很生气，要求同桌赔一本新的。结果，同桌按他的要求买了一本新的《动物世界》给他。

我得知这件事后，心里很不是滋味，觉得孩子太小肚鸡肠了，太不懂得为他人着想。

当天晚上，儿子玩我手机时，一不小心，手机掉到地上，屏幕摔破了。我假装很生气的样子，大声说："你怎么搞的，手机被你摔坏了，你赔我一部新手机，要一模一样的。"

儿子看到我强硬的态度，着急地哭了起来："我又不是故意的，我也没有钱赔你一部新手机啊。"

这时，我温和地对他说："每个人都有不小心犯错的时候，妈妈只想告诉你，当别人不小心犯错时，我们应该学会换位思考，如果对方不是故意的，我们可以学会体谅对方，而不能小肚鸡肠。因为我们也有犯错的时候，如果我们不能原谅别人，当我们犯错时，我们也不会被原谅。"

儿子不好意思地低下了头，看得出来他明白了我跟他讲的道理。

对于孩子来说，切身的体验更能让他意识到换位思考的可贵。因此，必要的时候，家长可以让孩子受点儿"教训"，激发孩子的同理心。这样孩子在今后的生活中，更容易学会换位思考、体谅他人。

换位思考的目的，不是让孩子只停留在理解他人的感受这一阶段，而是进一步学会体谅他人、宽容他人。因此，父母在教育孩子换位思考时，别忘了告诉孩子："换位思考是为了更好地理解人、体谅人、宽容人。"这才是换位思考，才能激发孩子的同理心。具体来说，父母可以这样做：

（1）为孩子营造换位思考的家庭环境

孩子的家庭成员是否懂得换位思考，是否具备同理心，会深深影响着孩子。所以，家长要成为孩子行为的示范者，给孩子营造换位思考的家庭环境。

著名教育家、作家叶圣陶非常重视儿女的教育。他经常教育儿女说："我们是生活在人类社会中的，要时时处处为他人着想。"

有一次，叶圣陶叫儿子递一支笔给他。儿子粗心大意，把笔头对着他递过去。叶圣陶马上对儿子说："递一样东西给人家，要想着人家接到了手方便不方便。你把笔头递过去，人家还要把它倒转来，倘若没有笔帽，还要弄人家一手墨水。刀、剪一类物品更是这样，绝不可以拿刀口、刀尖对着人家。"

叶圣陶还告诫儿女，开门、关门时，要想到屋里还有别人，不能用力"砰"的一声把门推开或关上，而要轻轻地，这样才不会影响到别人……

就这样，通过日常生活中的点滴小事，叶圣陶让儿女们懂得了怎样去换位思考，怎样去照顾他人的感受。

（2）在角色扮演中教会孩子换位思考

孩子有了亲身体验，才能深刻地理解什么叫换位思考。为此，父母可以通过角色扮演游戏，在亲子互动中教会孩子换位思考。比如，在"一日家长、一日孩子"的游戏中，让孩子扮演爸爸或妈妈，负责家庭的日常事务，承担相应的家务。这样孩子就容易懂得美好生活来之不易，还能形成相互理解、相互体谅的良好氛围。

（3）通过讲故事引导孩子换位思考

孩子都爱听故事，父母可以通过给孩子讲故事，引导孩子换位思考，体会他人思想和情感，比如下面这个故事：

有一头肥猪、一只绵羊和一头奶牛，它们被关在同一个畜栏里。一天，主人捉住肥猪。猪大声号叫，猛烈地抗拒。绵羊和奶牛却心生厌烦："有什么好叫的，主人也经常捉我们，可我们从来不大呼小叫。"肥猪说："主人捉你们和捉我是两回事，他捉你们，只是为了毛和乳汁，但是捉住我，是要吃了我啊！"

　　这个故事可以启示孩子，当别人不理解我们的感受，或我们不理解别人的感受时，往往是因为所处的立场不同。只有学会了换位思考，站在他人的立场看问题，才能真正体会他人的感受、想法，更好地与别人交往。

用好这 3 招，孩子不焦虑

世界上很多事情都不是绝对好或绝对坏。当遇到不好的事情时，如果孩子总是往坏处想，那么会越想越坏，最后他可能不敢面对现实。如果孩子懂得换个角度看问题，把事情往好处想，那么，即使糟糕的事情他也能发现好的一面，他就会快乐地接受现实。

年级要组织一次英语知识竞赛，英语老师在班里选了几个基础不错的孩子，对他们进行专门辅导，好让他们在知识竞赛中有好的表现。

涵亮被选中了，他感到很高兴，觉得老师看重自己，也决心要好好学英语。

经过一段时间的辅导，在竞赛之前，老师突然宣布了一个消息：由于知识竞赛名额有限，参加辅导的孩子中，有几个无法参加了，涵亮就是其中一个。

这天放学回家，涵亮一脸不高兴，觉得老师否定了自己，还发了一顿牢骚。

等他发完牢骚，妈妈问他："通过这段时间老师对你的辅导，你觉得有收获吗？"

涵亮说："当然有进步了！因为老师辅导的这段时间，我每天回家都要背单词、做练习题。"

"你觉得这些收获，有没有老师的功劳？"

"当然有。"

"表面上看，老师不让你参加知识竞赛，让你失去了一次表现自己的机会，这是不好的事情。但实际上，你的英语水平获得了很大的提高，这是好事情啊！"

妈妈抱了抱涵亮，接着说："再说了，只要你英语水平高，以后有类似的比赛，你还是有机会参加的。所以，你干吗闷闷不乐呢？"

听了妈妈的话，涵亮终于笑了起来。

像涵亮一样，孩子由于思维能力和认知水平有限，有时候看问题可能只看一点，不及其余，很容易产生悲观情绪。这个时候，父母应该积极跟孩子分析问题，引导孩子从不同角度看问题，不只看事情不好的一面，更要看事情好的一面，然后鼓励孩子以积极的态度去面对问题，这对培养孩子积极乐观的性格十分有益。

在日常生活中，父母应该怎么做呢？不妨参考下面几种方法。

（1）培养孩子积极看问题的态度

有一个关于吃橘子的故事：

有两种橘子，一种橘子大而酸，一种橘子小而甜。吃到大橘子的人，往往抱怨橘子太酸了。吃到甜橘子的人，往往抱怨橘子太小。但也有些人恰恰相反，当他们吃到大橘子时，会赞美这种橘子的水分多；当他们吃到小橘子时，会赞美这种橘子甜。

从对橘子的态度可以反映出人们对日常事物的态度。前者习惯以消极的态度看问题，因而看到的总是事物不好的一面，然后抱怨不断；后者习惯以积极的态度看问题，因而看到的总是事物好的一面，然后内心充满赞美和感激。

父母可以把这个吃橘子的故事讲给孩子听，还可以准备两种不同的橘子或其他水果，让孩子品尝，然后引导孩子用积极的态度去评价不同的水果，由此培养孩子积极看问题的态度。

（2）教孩子从坏事中发现有益因素

生活中，孩子难免会遇到不如意的事情，比如：孩子出门忘了带伞，突然下雨了，被淋湿了；孩子不小心踩到了脏东西，弄脏了鞋子；孩子丢了10元零花钱，结果没有吃早餐……

糟糕的事情发生后，懊恼沮丧已经没有意义。父母要告诉孩子：与其愁眉苦脸，不如转换思维，从中寻找有益的因素。

孩子淋雨了，你可以告诉他："你终于有了检验身体素质的机会。如果你没有感冒，说明你的体质不错，要继续锻炼身体；如果你淋了一场雨就感冒了，说明你体质有待加强，日后要加强身体锻炼。"

孩子踩了脏东西，你可以告诉他："太好了！你的鞋子脏了就要洗干净，那样你可以穿上焕然一新的鞋子了。"

孩子丢了10元钱，你可以告诉他："还好，丢的只是10元钱，不是50元，更不是100元。而且捡到钱的人会很高兴，如果他急需用钱，那么你岂不是帮了他？"

当然，引导孩子用积极的态度看待糟糕的事情固然有益，但也别忘了教孩子如何避免糟糕的事情再次发生。比如，以后出门时，如果天气不好，要记得带伞；走路时，要注意看路；出门要保管好财物，以免丢失。

（3）鼓励孩子积极处理糟糕的问题

在一次春游活动中，刘蔓的鞋被一根竹子划破了，万幸的是，她的脚没有受伤。但是她的鞋没法再穿了，严重影响行动。

老师发现了这件事情，关切地问："要不我给你父母打电话，让他们给你送一双鞋来吧。"

刘蔓说："不用了，没什么呀，虽然我的鞋坏了，可是我的脚没事。我可以想办法处理好这件事。你看，我用塑料袋把鞋子紧紧地包裹起来，这样就可以继续穿着鞋走路了。"

老师听了刘蔓的话，不由得竖起了大拇指，夸她是乐观积极、爱动脑筋想办法的好孩子。

父母要告诉孩子，生活中碰到糟糕的事情是很正常的。只要以乐观的态度去面对，积极开动脑筋思考，就能找到解决问题的办法，让糟糕的事情变得不再糟糕。

Chapter

4

孩子也要断舍离

家庭教育的终极目标，是让孩子和父母成功分离，成为一个独立、自信的人。父母应该懂得在恰当的时候放手，让孩子对自己的未来负责。终有一天，孩子会怀着一颗强大的内心，从容地应对各种挑战。

如何温柔地把孩子"推开"

对于孩子来说，妈妈是他们心中最温馨、最安全的港湾。孩子对妈妈适度的依恋，有助于他们建立对他人的信赖度和自我信任感。如果母子间没有形成依恋关系，或依恋关系过度了，都会给孩子的性格发展造成不良的影响。

生活中，有些孩子对妈妈过度依恋，时时刻刻黏着妈妈。妈妈直喊累，希望有人帮自己一把；但同时内心又美滋滋的，因为孩子眼里只有她，这对妈妈来说无疑是一种引以为傲的幸福。

如果妈妈对孩子的这种过度依恋不加控制，将会严重影响孩子的独立，还会影响孩子和父亲等男性接触的机会。尤其是对男孩子来说，对妈妈过度依恋不利于他们形成勇敢、坚毅、果断等品质，甚至影响其成年后对异性的情感以及婚姻生活。

为什么孩子容易对妈妈过度依恋呢？这与妈妈对孩子从小的过度保护有直接关系。尤其是在婴幼儿时期，有些妈妈不放心让家人照顾孩子，事事亲力亲为，与孩子形影相随，从而使孩子很少有机会和爸爸以及其他家人亲密接触。这样孩子自然就会对妈妈产生强烈的依恋，凡事首先想到的都是妈妈。

那么，妈妈怎样才能在孩子过度依恋时，温柔地将他"推开"，让孩子减少对自己的依恋，学会独立起来呢？

（1）给孩子"断奶"，更要给自己"断奶"

张女士的儿子昆宇快 10 岁了，每天晚上还要她陪着才能入睡。有几次，她把儿子哄睡着就回自己房间睡觉，结果半夜里她突然醒来，忍不住去儿子房间看看。看了儿子后，她又忍不住要弄一弄被子，有好几次把儿子弄醒了，结果儿子搂着她不肯放开，她于心不忍，又陪孩子睡一起。张女士也很苦恼，不知道怎样才能让儿子独睡。

快 10 岁的孩子，完全可以独立睡觉。但由于妈妈不能给自己"断奶"——舍不得孩子从自己身边分离，忍不住要过度照顾孩子。比如，陪孩子睡觉，心里才踏实；喂孩子吃饭，自己才放心。在这种情况下，孩子一直没有机会跟妈妈"断奶"。

孩子对妈妈过度依恋，并不能证明亲子关系超乎寻常的好。相反，这说明孩子没有安全感，孩子不能确定，如果自己需要妈妈时，妈妈是不是在自己身边。所以，孩子会担心随时失去妈妈的保护，这是他过度依恋妈妈的心理动机。

妈妈如果真心希望孩子"断奶"，那首先必须自己"断奶"。断掉对孩子的"不舍"，断掉对孩子的"不忍心"，断掉对孩子的"不信任"，孩子才能有机会独立生活，学会照顾自己。

蒙台梭利曾说："每一个独立了的儿童，他们都懂得自己照顾自己，他们不用帮助就知道怎样穿鞋子，怎样穿衣服，怎样脱衣服，在他的欢乐中，映照出人类的尊严；因为人类的尊严，是从一个人独立自主的情操中产生的。"

所以，妈妈不要再事事替孩子操办，从吃穿住行，到玩什么、怎么玩，妈妈都要多给孩子自主权。妈妈可以教孩子怎么做，但不要代替孩子去做。

（2）让爸爸参与育儿，给孩子不一样的体验

要想改变孩子对妈妈的过度依恋，最根本的办法就是家庭成员要协商一致，在一段时间内刻意减少妈妈与孩子相处的时间，让爸爸和其他家人参与到育儿中来，多承担一些教养责任。尤其是爸爸，应该尽可能陪孩子一起玩耍，比如，玩一些惊险、刺激的游戏，到户外体验一下大自然，到运动场上尽情地嬉闹、奔跑。当孩子觉得和爸爸在一起玩很开心，甚至比和妈妈在一起玩更有劲时，孩子就不会那么依恋妈妈了。

（3）引导孩子做家务

在平日，妈妈最好让孩子做家务，给他一块抹布、几个塑料盘子或碗，让他帮忙擦洗。当你忙碌时，你还可以分配给他一个小任务，比如，当你在打扫房间时，可以让他帮你启动吸尘器开关。这样孩子有事可做，就不会那么黏人了，而且还能让孩子体会到劳动的快乐，学会做简单的家务。

妈妈在让孩子做家务之前，可以先和孩子玩一会儿，满足孩子渴望陪伴的心理。比如，做饭之前，先给孩子讲 10 分钟的故事，然后去做饭。孩子得到了满足，也就不会老缠着你了。

为什么说太乖的孩子没主见

"你要乖，要听话。"这是一句大家耳熟能详的话，很多家长对孩子都说过。这样的话就像一个魔咒，从小就束缚孩子渴望自由的天性。孩子出门玩要请示，穿什么衣服要听从安排，几点睡觉要服从规定，交什么样的朋友由父母说了算……

与此同时，当孩子不听话时，父母会指责道："你这孩子怎么又不听话啦？""你什么时候才听话，让妈妈省点心！"有些父母以自己孩子听话引以为傲："瞧我家孩子真乖，说什么听什么，从不惹大人生气，不给大人惹麻烦。"

"听话的孩子就是好孩子。"这是大部分中国家长的观念，因为听话的孩子好管教，能给家长省去许多麻烦。可是，孩子听话真的是好事吗？听话的孩子将来能有大出息吗？德国著名的心理学家海查曾做过一项实验：

对100名在2～5岁时有强烈反抗倾向的儿童进行跟踪观察，一直观察到青年期。同时，对100名在2～5岁没有反抗倾向的儿童进行跟踪观察，也一直观察到青年期。结果发现，前一种孩子中，意志坚强、有主见的占84%；而后一种孩子中，意志坚强的仅占26%，其余74%的人没有主见，不能独立承担责任。

每个做父母的都希望孩子将来少走弯路，大有出息，但从小就被教育"要听话"的孩子，长大后却与成功和幸福没有缘分。因为太听话的孩子凡事都顺从别人，依赖别人，长大后就容易缺乏自信和主见，在生活自理、处理问题和人际交往方面，都会存在较大的缺点。

有个博士生，小时候父母总要求她考高分，每天的学习、生活，事无巨细都尽在父母的掌控中。成绩稍有退步，就被父母责骂"不听话"，没认真学习。求学阶段，她一路上名校，各种荣誉和证书拿到手软，是典型的乖孩子。

可是上大学期间，她经常独来独往，因为她不爱说话，大家不愿意跟她交朋友。博士毕业后，她在异国他乡定居，逢年过节也不回家。对于父母从小到大无微不至的关爱，她似乎一点儿都不感激，和父母之间也没有什么感情。

从上面的例子可以看出，听话顺从的孩子通常有比较强势的父母，因为父母太严厉了，孩子不乖不行。强势的父母教出来的往往是退缩型的孩子。这类孩子潜能很难发挥，天性长期受到压制。他们是为父母而活，为得到"乖孩子"这样的评价而活，很难活出真正的自己。因此，他们不会快乐，也谈不上出息。

所以，父母不要再认为"乖孩子"就是好孩子，而要尊重孩子的天性，给孩子自由的空间，有意识地培养孩子的主见，让孩子真正地强大起来。

（1）给孩子自由支配的时间

夏辉是个调皮贪玩的孩子，每次写作业都要妈妈监督。为了改变儿子贪玩的习惯，妈妈想出了一个办法。她知道孩子成长不能缺少自由，就与儿子商量：如果每天放学后第一时间把作业做完，那么剩下的时间就由他自由支配，他想做什么都行。

夏辉听妈妈这样说，非常高兴，很愉快地答应了。从此以后，夏辉每天放学回家，第一件事就是做作业。有时候小伙伴找他玩，妈妈就会提醒他："我们的约定你还记得吗？希望你能够遵守约定。"结果，夏辉很配合，坚持先做作业再去玩。

给孩子自由支配的时间，不是给孩子制订密不透风的日程表，而是更有利于孩子学会自主地安排事情，提高独立管理生活和时间的能力。孩子有了自由支配的时间，才能感受到父母的尊重，感受到自由，才能快乐成长。

（2）让孩子自己去判断和选择

永涛是个很有主见的孩子。他思路开阔，经常有让人眼前一亮的主意。课堂上，他总能提出令老师拍手叫绝的问题和观点。老师都夸他有想法，有主见，将来会有大出息。这一切与永涛的父母对他的教育分不开。

在日常生活中，只要是孩子能做的事情，父母都会让永涛自己选择，还会让永涛说出选择理由，然后引导他从多个角度考虑问题。所以，永涛的思路比别人更开阔，想法比别人更全面。

不强求孩子听话，意味着在思想上不给孩子设限，鼓励孩子大胆表达。与此同时，父母要多和孩子交流想法，引导孩子积极思考，有意识地开阔孩子的思路，这样，孩子独立思考的能力才会越来越强。

如何让孩子接受失败

在成长的过程中，孩子所犯的错可以分为两种：一种错误是家长必须立即予以纠正的，比如，乱丢垃圾、不讲卫生、骂人、恶意破坏东西等。这类错误一旦放任不管，孩子就容易养成不良的习惯，形成不良的品行。

另一种错误是可以让孩子自行纠正的。比如，孩子拆玩具，结果把玩具弄坏了；孩子制作手工艺品，但失败了；孩子做一件事，没有成功。这些事情严格来说不叫错误，而叫失败。它是孩子不断改正错误、调整方法、提高能力的学习过程。如果父母不给孩子这类机会，见孩子失败就斥责孩子，孩子将会变得懒于动手、懒于动脑、懒于尝试，而习惯于依赖父母。

有个渔人拥有一流的捕鱼技术，被当地人尊称为渔王。然而渔王年老时，却非常苦恼，因为他儿子的捕鱼技术很平庸。

渔王经常向人诉苦："我真搞不明白，为什么我捕鱼技术这么好，我儿子的技术却那么差？我从他懂事的时候开始，就手把手地教他：告诉他怎么织网才容易捕鱼，告诉他怎样划船才不会惊动鱼，告诉他什么天气适合出海……可是他太令我失望了。"

有个路人听了他的诉苦后，对他说："这就是你的错了，你只传授给了他成功的经验，却没有传授给他失败的教训——对于才能来说，没有教训和没有经验一样，都不能使人成大器。"

很多父母就像故事中的渔王一样，害怕孩子失败、走弯路，总是教孩子应该怎么做，导致孩子缺少独立尝试和吸取失败教训的机会。这对孩子各方面能力和素质的培养是极为不利的。

德国著名的儿童教育专家舒马赫曾对那些不愿意为孩子提供尝试机会的父母的心理做过分析，他指出：有些父母，特别是一些年轻的母亲，总认为全方位照顾孩子是自己义不容辞的责任，因而，事事处处总想包办代替。殊不知，这样一来反而剥夺了孩子学习的机会。长此下去，孩子不仅可能笨手笨脚，还可能对父母产生强烈的依赖性，对自己的能力和今后的生活丧失信心。

舒马赫建议父母，千万别剥夺孩子尝试的机会，哪怕孩子会失败，甚至可能受伤。孩子尝试了，才会体验到其中的感受；孩子失败了，才会懂得成功来之不易；孩子摔跟斗了，受伤了，今后才会更加小心。

（1）给孩子尝试的机会，让孩子"在做中学习"

蒋先生去一位朋友家做客，无意中看见朋友4岁的儿子拿着一把钥匙，笨拙地往锁孔里插，想把房间的门打开。可是他怎么也插不进去。蒋先生忍不住走过去帮他，却被朋友阻止了。朋友说，让他自己先犯些"错误"吧，相信他琢磨一会儿会找到打开门的办法。尝试了几次后，孩子终于把钥匙插进锁孔，顺利地把房门打开了。

尝试的过程就是学习的过程，这就叫"在做中学习"。这种"做"不仅仅指做正确的事情，还包括挫折、失败、犯错。如果父母教给孩子现成的方法，让孩子顺利把事情做对，即便孩子体验到了成功的喜悦，也不能完全激发孩子的成就感。只有经过亲自尝试，克服困难，最后把事情做成了，孩子才会收获满满的成就感，才会觉得一切尝试都是值得的。所以，请把尝试的机会给孩子，让孩子"在做中学习"。

（2）抓住孩子犯错的机会，给孩子积极的引导

让孩子"在做中学习"，并不是说对孩子不管不顾，还需要父母关注孩子尝试的进展，了解孩子做事的效果。如果孩子屡次失败，父母应适时地给孩子提醒和引导，帮孩子找到更有效的方法，促使孩子把事情做成。

魏先生的儿子有一次因好奇心发作，想把闹钟拆开看看是怎么运行的。他在抽屉里找了一块钢片，试图把闹钟撬开。可他尝试了很多次，都没有成果，而且小手被钢片硌得红一块、紫一块。

魏先生见状，笑着问儿子："知道你为什么拆不开闹钟吗？仔细观察一下闹钟，看看有没有机关，找准机关你才能打开闹钟哦！"

经这么一提醒，儿子很快就发现了两个螺丝孔。接着，他找来一把螺丝刀，很顺利地拆开了闹钟。

在孩子尝试某件事的过程中，父母应该扮演好观众，关注孩子做事的成效；也要扮演好引路人、导师的角色，适时地指引孩子，让孩子顺利找到做事的有效方法。

当然，如果孩子不愿意你帮忙，那你不妨多让孩子自己去摸索。要知道，孩子经过自己摸索得出的方法，才是最能给他成就感的，才是最令他记忆深刻的。

（3）满足孩子的愿望，哪怕明知孩子会吃苦

上小学一年级的梦涵想养一只泰迪犬，她央求了爸爸妈妈几次，并承诺

会全权负责小狗的饮食起居。爸爸妈妈觉得泰迪犬着实可爱，便答应了梦涵的要求。

起初几天，梦涵给泰迪喂食、洗澡、倒便盆，忙得不亦乐乎。但一个星期之后，她就开始嫌麻烦了，抱怨狗难养，不搭理狗了。

妈妈开玩笑地说："你比狗更难养，你说话不算数，做事三分钟热度。"

梦涵娇嗔道："妈妈，我哪知道养狗这么麻烦啊，原谅我吧！"

看着女儿可怜兮兮的样子，妈妈虽然有怨言，但并没有责怪她。而是对她说："妈妈希望你做事有始有终，即使有困难，也能够有所坚持。要不我们每人负责一天，共同负责喂养泰迪吧！"

梦涵点点头，答应了。

有时候孩子提出的尝试要求可能是一件苦差事，但孩子并不知道。而且就算你劝他别去尝试，他也不会听，因为他很好奇。这个时候，你不妨满足孩子的愿望，让孩子吃点苦头，这有利于提高孩子的独立思考能力、判断能力，也有利于培养孩子的坚强意志。

多让孩子动手胜过父母插手

很多家长感慨自己的孩子依赖性强、动手能力差，遇到困难不能独立面对，不尝试就向大人求助。殊不知，家长在这个问题上要负最主要的责任，因为孩子依赖性强、动手能力差源于自信心不足或懒惰，而这又往往与家长的包办代替有关。

昊天一直是个乖巧听话的孩子。为了让他能够集中精力学习，妈妈为他考虑周全，除了学习以外的任何事情，妈妈都替他做。吃饭时，妈妈会把饭菜端到昊天的手边；衣服脏了，也是妈妈帮他脱下来，帮他洗；每天起床后，妈妈给他叠被子，为他挤牙膏；作业本用完了，也是妈妈亲自为他买。

在饭来张口、衣来伸手的全方位照顾下，昊天习惯了依赖父母，缺少了自己做事的意识。哪怕是简单的整理书包，收拾房间，他都不愿意做。当然，妈妈也不会要求他做，她经常对昊天说："只要你好好读书，将来就会有出息，这些事情以后可以请保姆。"

后来有一次，昊天的爷爷生病了，妈妈回老家照顾爷爷一周。恰巧那段时间，昊天的爸爸又忙于公司事务，早出晚归。当妈妈从爷爷那里回来时，发现昊天这一周居然没有洗澡，也没有洗头，换下来的衣服、袜子全都扔在地上。地板上的灰尘，茶几上的泡面盒子、零食残渣清晰可见……

为何会出现这一幕呢？这与昊天受的家庭教育有十分密切的关系。昊天是父母的掌上明珠，从小被父母宠爱，什么事情都被父母包办代替，从而被剥夺了独立做事的机会，造成他过分依赖父母而不能生活自理。

然而，一个孩子如果不能生活自理，不能独立解决问题，他就不可能走向独立。一个不能独立的孩子，即使学习再好，也很难适应社会竞争，更别说将来有大出息了。所以，如果父母为孩子着想，就应该尽早放开手，鼓励孩子自己动手解决问题，培养孩子的生活自理能力。

（1）打消孩子的依赖心理

依赖心理使孩子缺少做事的主动性。而孩子的天性中，既有依赖父母的心理，也有争强好胜、动手尝试的心理。因此，当孩子表现出依赖倾向时，父母要及时打消他的这一心理，鼓励他自己动手尝试。比如，孩子起床后没有叠被子，你要及时提醒他、鼓励他叠被子。即使他叠得不整齐，也不要批评他，以免打击他的积极性。而当孩子想尝试做家务时，父母要及时夸奖孩子，给孩子表现的机会。这样一来，通过弱化孩子的依赖心理和强化孩子主动尝试的心理，就能大大打消孩子的依赖性。

（2）让孩子学会做家务

在日常生活中，父母要有意识地提高孩子独立处理问题的能力。根据孩子年龄的不同，让孩子适当做一些家务，比如，打扫房间、擦桌子、收拾碗筷、整理书包、叠衣服、叠被子、洗袜子、刷鞋子等。

父母千万不能有"怕"的心理，比如，怕孩子累着、怕孩子做不好、怕孩子做家务会影响学习等，这种心理往往是父母包办代替的源头。父母要记住一点：孩子的成长离不开生活小事的磨炼，做家务不仅可以锻炼孩子的生活自理能力，而且还能增强孩子的家庭责任感，这样才能使孩子形成健全、独立的人格。

（3）给孩子解决问题的信心

孩子独立做事、动手解决问题的能力是有限的，需要在不断做事的过程中锻炼、提高。如果一件事孩子没做好，父母批评孩子、责怪他"真没用"，不仅会打击孩子的自信心，而且还会打击孩子做事的积极性。比如，孩子想帮忙打扫卫生，但是没扫干净，这时候大人笑话孩子，哪怕是善意的玩笑，也可能让孩子觉得自己"不行""做不好"。所以，正确的做法是，无论孩子事情做得好不好，都应该多肯定、多鼓励，这样才能不断强化孩子做事的积极性和自信心。

（4）教孩子一些做事的方法

当孩子遇到困难时，父母最好不要直接告诉孩子怎么做，更不能直接替孩子把事情做了。正确的做法是引导孩子分析问题、找出原因、调整方法。比如，孩子整理书包时，总是把书包塞得鼓鼓囊囊，而且有些东西还装不下。这个时候，父母可以提醒孩子把用不着的物品拿出来，调整书本和文具的摆放顺序。相信当孩子把书包整理妥当时，他一定会收获满满的成就感，也会懂得遇事要积极想办法。

如何教孩子做决定

决断力是人们对事物发生发展的分析、判断及处理的能力。其背后涉及很多种能力，比如，对事情是否有准确的判断力，是否有勇气去承担自己选择的结果等。没有决断力的孩子，往往习惯于听从大人的安排，依赖大人帮忙做决定。当需要他们自己做决断时，他们往往表现得优柔寡断、犹豫不决。

心理学研究表明：一个缺乏决断力的人，从根本上说是因为缺少独立精神，缺少自信心。因此，父母要想培养孩子的决断力，就必须设法提高孩子的自信心，激发孩子的独立意识，给他做决定的机会。

有个美国小姑娘对跳舞特别感兴趣，妈妈发现了这一点后，就筹集一笔费用，送她去正规的舞蹈学校上学，试图让她找到自己的成功之路。

然而，小姑娘仅上了三堂课，就不肯再去了。妈妈感到奇怪，就问她原因，她说："我不喜欢那种脚尖上的舞蹈，因为那会让身体极不舒服。"妈妈立刻意识到女儿对舞蹈具有非常强的判断力，但女儿的看法是否正确呢？会不会是女儿懒惰找的借口？要知道，上舞蹈学校的费用数额不小，因此，妈妈认真地看着女儿。

小姑娘见状，知道妈妈为自己付出了心血，很小心地说："妈妈，这种舞蹈有悖于自然，不是我想学的舞蹈。"说完就低下头，以为妈妈会批评她。

没想到，妈妈不但没有批评她，还非常赞赏她的决断力："妈妈没有说话，是为了让你自己判断，自己做决定。既然你看得如此清楚，那我尊重你的意愿。还有，如果你认为只有自己喜欢的舞蹈才能真正体现自己，那么就勇敢地跳下去吧。"

在妈妈的支持下，小姑娘从此走上了对舞蹈的追求之路。她用自由飘逸、浪漫不拘、充满生命力和灵魂的舞姿，创造了与古典芭蕾相对立的现代舞派。她就是有着"世界现代舞之母"称号的伊莎多拉·邓肯。

好的教育，不仅要教孩子在生活上独立，还要教孩子在精神上独立。精神上独立、有主见、有决断力的孩子，才能掌控自己的命运，走自己想走的路。否则，孩子只会听人摆布，永远成为别人的跟班，而且不能担当重任。在培养孩子决断力时，父母可以参考以下几点：

（1）尊重孩子的想法和决定

培养孩子的决断力，需要父母把教育落实到生活实践中来，要经常鼓励孩子表达想法，尊重孩子的决定。父母不要随便干涉孩子，不要对孩子说："你不应该做这样的决定，你应该那样……"父母可以经常和孩子探讨问题，询问孩子的想法，鼓励孩子积极地表达，并独立做决定。

比如，天气转凉，妈妈可以问孩子："气温下降了，你有没有感觉到冷？你觉得有必要加衣服吗？"孩子可能说："是的，我感觉到了，我有点冷，我要加一件衣服。"孩子也可能说："我没觉得冷，不用加衣服。"

无论孩子有怎样的想法，妈妈都没必要横加干涉，而应该尊重孩子的想法和决定。当孩子因为没有添加衣服而冷得哆嗦时，他自然就会明白"天凉要添衣"的道理，学会照顾自己。

（2）利用情景假设培养孩子的决断力

所谓情景假设，就是假设一种情景，让孩子思考如何去解决相应的问题，比如，你可以问孩子：

"如果你最好的朋友想借你心爱的溜冰鞋，你愿意吗？"

"妈妈希望你帮忙做家务，可是你作业还没有完成，你会怎么办呢？"

"有个和你关系很好的同学想抄你的作业，你答应吗？"

"老师让你放学后在班里帮一个同学辅导功课，可你放学后要参加另外一个同学的生日聚会，你怎么选择呢？"

"有一件衣服，你很喜欢它的款式，但不喜欢它的颜色，你会让妈妈给你买下来吗？"

利用情景假设来提问，引导孩子积极思考问题，做出选择，既可以培养孩子的决断力，又能培养孩子处理事情和人际关系的能力。

（3）鼓励孩子虚心接受好的建议

培养孩子的决断力，一方面要教孩子勇于坚持个人的想法，相信自己的判断；另一方面也要鼓励孩子虚心接受他人好的建议。这样，孩子才不会固执己见，不会陷入自我的泥沼，而会做出不偏不倚、恰到好处的决断。另外，父母懂得接纳别人的观点，也会影响到孩子养成虚心接受意见的习惯。

父母会撒手，孩子懂得多

我国教育家陈鹤琴先生说过："凡是孩子自己能做的事，让他自己去做。"这不仅有利于培养孩子的独立性、自理能力，也有利于培养孩子的责任感，使孩子懂得对自己的行为负责。

不少孩子缺乏"自己的事情自己做"的意识和习惯，与父母的教育观念存在偏差有很大的关系。很多父母认为，孩子的主要任务是学习，因此，许多本应该由孩子做的事情，都被他们包办代替了。在这种家庭教养环境下，孩子会变得依赖父母，缺乏自己的事情自己做的意识。

一天，7岁的男孩飞昂忘了戴红领巾。当老师批评他时，他居然振振有词："都怪我妈妈，她太健忘了，忘了把红领巾装在我的书包里！"他丝毫没有意识到忘戴红领巾是自己的错，还把责任推到妈妈的身上。听了他的话，老师简直哭笑不得。

毫无疑问，学生戴红领巾上学，这是自己的事情。但由于父母缺乏这方面的教育，把孩子的事情都包办了，久而久之，孩子自然觉得这件事是妈妈应该做的。这样孩子就淡漠了自己的责任感，这是非常可怕的。

儿童心理学研究表明：幼儿期心理活动的主动性明显增加，凡事喜欢说"我能""我自己来"，喜欢自己去尝试、体验。父母应该尊重孩子独立的愿望，鼓励孩子做好自己应该做的事情。

（1）教育孩子管理自己的生活

管理自己的生活，即自己的事情自己做，这是一种自我服务。父母应该从孩子有做事能力开始，就开始培养孩子的自我服务意识。具体来说，可以根据孩子的年龄，要求孩子做相应的事情。

①3岁之前，要求孩子收拾玩具。父母可以让孩子负责收拾玩具，要求孩子把玩具放在固定的地方。如果孩子没有管理好自己的玩具，想玩某个玩具却找不到时，父母不要帮他寻找，而要借此机会教育孩子："玩具要放在固定的位置，这样想玩的时候就不会找不到。"这样不仅可以让孩子意识到自己的事情自己做，还可以培养孩子的归位意识。

②从3岁半开始教孩子自己穿衣、系鞋带。孩子上幼儿园之后，父母应该慢慢地教孩子穿衣服、系鞋带。

教孩子穿衣服时，父母可以利用游戏心理，让孩子玩"火车钻山洞"的游戏，鼓励孩子自己换衣服。为了便于孩子独立穿衣服，妈妈可以让孩子自己选择衣服，然后把选好的衣服摆放整齐，放在床头，让孩子起床第一件事就是自己穿衣服。有些衣服不那么方便穿，妈妈应该多鼓励孩子，必要时帮孩子一把。

教孩子系鞋带时，父母最好先给孩子示范几遍。也许孩子看了很多遍也不会系，没关系，耐心地告诉孩子，重复是学习系鞋带的关键，然后鼓励孩子不断尝试，让孩子熟练掌握系鞋带的技巧。

③从 4 岁开始，教孩子洗一些简单的衣物。孩子 4 岁后，妈妈要有意识地教孩子洗一些简单的衣物，比如，袜子、手帕、短裤等。为此，妈妈要给孩子准备一个小凳子、盆子、洗衣板、香皂等，教孩子把衣物放在洗衣板上，打好香皂，搓一搓，然后用清水洗几次，把衣物上的泡沫洗干净，再把水倒掉，把衣物晾起来。相信孩子经过几次尝试，就能学会清洗简单的衣物。即使孩子练习了好多遍还洗不干净，妈妈也应该多鼓励和肯定孩子，切勿批评、讥讽孩子。

（2）让孩子承担简单的家务

孩子作为家庭中的一员，有责任和义务分担家务。通过承担简单的家务劳动，可以培养孩子的家庭责任感、集体意识、团队意识。孩子虽小，但是 3 岁之后，也能够做一些力所能及的家务活，比如：①让孩子在饭前摆放碗筷；②和家人一起打扫卫生，负责擦桌子、擦凳子、倒垃圾；③给孩子准备尺寸合适的扫帚，教孩子扫地；④随时提醒孩子捡起地上的垃圾；⑤大人做家务时，让孩子帮忙打下手。

以上家务活，无论孩子做得好不好，只要孩子能够积极参与，父母都应该鼓励和肯定。记住，保护孩子做家务的积极性，比让孩子学会做家务更重要。

孩子间闹矛盾别立刻插手

经常看到孩子因争抢玩具、游乐设施而引发吵架，甚至打架。出现这种情况后，受欺负的孩子往往会向家长告状。而家长往往情绪激动，用以下几种方式处理：

（1）气愤地替孩子出头

家长非常气愤，也很着急，除了心疼自己的孩子外，还担心孩子懦弱、胆小，长大了受人欺负，于是，替孩子出头，直接拉住打人的孩子，跟对方讲道理或批评对方。

（2）怂恿孩子还击

家长带有一种恨铁不成钢的心态，明确地对孩子说："他打你，你就打他，看他还敢不敢打人？"

（3）找打人孩子的父母评理

家长制止打人的孩子，然后立即找到对方父母，向对方父母讨说法。

（4）闹到幼儿园，找老师评理

如果矛盾发生在幼儿园，有些家长还会闹到幼儿园，找老师评理，甚至会批评老师管理不力，要求打人孩子的家长道歉或赔偿。

以上几种处理方式有一个共同的特点：面对孩子间的矛盾，家长表现得过于紧张。其实这是没必要的，因为孩子之间闹矛盾与成人之间的打斗完全不同，他们没有强烈的攻击性；而且发生矛盾之后很快就会烟消云散，开心地在一起玩游戏。如果家长因孩子闹矛盾而急于干涉，反而会扩大矛盾。

那么，当孩子之间发生摩擦和矛盾时，我们该如何处理呢？

（1）以平常心对待，切勿激化矛盾

孩子之间闹矛盾，父母要以一颗平常心对待，切勿轻易干涉或怂恿孩子"以牙还牙"，否则很容易给孩子造成一种错觉，即暴力是可以解决问题的。以后出现类似情况时，孩子可能更倾向于用暴力解决问题，这对孩子的健康成长是不利的。

父母正确的做法是，先缓和孩子的情绪，再帮孩子分析问题，引导孩子找到和平解决问题的办法。比如，孩子之间因为争抢玩具发生矛盾，你可以告诉孩子要学会分享，并教孩子如何分享。

（2）把孩子从受欺负中解救出来

如果你看见孩子正在被大孩子欺负，那你应该先把孩子从"受欺负"的状态中解救出来。这是防止矛盾扩大化、防止孩子进一步受伤害的有效举措。

孩子被解救出来之后，如果孩子情绪正常，没有表现得很难过，那说明孩子"受欺负"是一种假象。如果孩子表情沮丧，甚至伤心哭泣，那你最好也不要责骂孩子"胆小、没用"，而要让孩子宣泄负面情绪，然后再教孩子在被人欺负时如何化解。

（3）教孩子用语言表达不满和抗议

为了避免孩子在受欺负时不知道如何化解，你可以告诉孩子：如果别人欺负你，你可以表达不满，告诉对方："你不能再欺负我，我很不高兴。""你再不住手，我就还手了。"让孩子知道，忍让是有限度的，必要时还需奋力反击，这才是强者姿态，才能保护自己。当然，父母也要启发孩子反省事件的经过，让孩子思考："别人欺负我，是不是我有错在先？"

（4）教孩子在挨打后正确地"打架"

著名儿童教育专家冯德全曾经说过："打架看似小问题，却影响孩子性格成长，家长不愿孩子当'狼'，也不忍心他当'羊'，失去自我保护能力。"因此，在还手不还手的问题上，要掌握一个尺度和时机。父母可以告诉孩子："如果你并没有做错什么，对方就打你，你先要警告，警告之后对方若继续打你，你可以还手反抗。"

还手不是攻击对方，而是抵抗对方的攻击，这是自我保护的一种手段。冯德全表示，孩子3岁之后，有能力根据当时的情况，对比自己和对方的力量，决定是该反抗、躲避，还是与对方握手言和，或是请大人帮忙。通过"打架"，孩子可以逐渐适应集体活动，并从中学会有效调节情绪，避免激怒对方，或是原谅对方，这些对孩子的成长是很有帮助的。

让孩子接受自然结果的惩罚

　　18世纪法国教育家卢梭认为，儿童所受到的惩罚，应该是他的行为过失所导致的自然结果。这样的惩罚才能让孩子进行自我反省，学会弥补过失，纠正错误。

　　有个男孩经常丢三落四，爸爸妈妈多次提醒都无济于事。有一次，男孩兴奋地对妈妈说："妈妈，我们班明天要组织夏令营活动。"

　　妈妈说："哦，是吗？那你今晚应该准备好相关的物品。"

　　男孩拍着胸，说："放心吧，我这就去准备。"

　　妈妈看见儿子把衣服、鞋子、水壶等装进包里，但衣服没带够，还忘了带帽子。她不露声色地提醒道："儿子，夏令营是在户外，这个季节太阳火辣辣的，你考虑考虑应该带什么？"

　　儿子信心满满地说："放心吧，妈妈，我都准备好了！"

　　晚上男孩回来后，脸上晒得黑黑的，还抱怨说太阳太毒辣了，脸上都脱皮了。而且傍晚山里特别冷，但衣服没带够。他后悔地说："以后再有这样的活动，我一定要先想清楚应该带什么，如果我自己不知道，我要问你和爸爸，把需要的东西准备齐全。"

当孩子有考虑不周的行为甚至过错时，你只需要让他受到由行为本身产生的惩罚，就可以制止他以后再犯。比如，孩子把衣服撕破了，你不给他换新衣服，让他穿破衣服，感受到不便，这样下次他就不会再撕破衣服了。这种教育方式可以让孩子获得刻骨铭心的教育，从而反省自己，主动改错。它有两点好处：

（1）自然惩罚完全是公正的

受到自然惩罚的孩子，不会像受到父母体罚的孩子那样感到伤心、委屈，甚至气愤，因为那是他自己造成的。在这种情况下，孩子只能怪自己，然后调整自己的行为方式。

有个孩子早上喜欢赖床，闹钟响了也不起来，等着妈妈催促他起床。后来，妈妈不叫他起床了，等他醒来时，发现已经快迟到了。于是慌忙中穿起衣服、背起书包就往学校赶，牙没刷，脸没洗，外套还穿反了，而且没吃早餐，整个上午肚子饿得咕咕叫。

因为迟到，他被老师批评了一顿。因为衣服穿反了，被同学笑话。这一切让他觉得很丢脸。不过他一点都不怪妈妈，因为是自己赖床造成的。从那以后，他每天早上听到闹钟响，就很自觉地起床，养成了按时起床的习惯。

（2）避免父母和孩子发生冲突

通常来说，父母因孩子犯错而教育孩子时，往往容易生气，也容易激发孩子的逆反情绪，往往搞得双方都不愉快。而运用自然惩罚教育孩子，不仅可以有效地避免父母和孩子发生冲突，而且亲子关系不会受到任何影响。

在使用自然惩罚法教育孩子时，父母要注意三点：

（1）顺其自然，不要添油加醋

当孩子有不良的行为时，你可以事先预测一下这一行为可能造成的结果，并明确告诉孩子。如果孩子坚持做这种行为，产生不良后果时，你也不必给孩子讲道理，让孩子自己处理造成的后果。如果你充当旁观者，在一旁冷嘲热讽，说"不听老人言，吃亏在眼前"，反而可能激起孩子的不满，不利于孩子正视自己的行为。

（2）不要伤害孩子的身心健康

自然惩罚的目的是要促使孩子正视自己的行为，并从中得到教训，不再重犯错误，而不单单是为了让家长出气。所以，在使用自然惩罚法教育时，你必须明确一点：惩罚不是体罚。当孩子的过失行为造成自然后果时，你要分析这种自然后果是否会伤害孩子的身心健康。只有当这种惩罚所造成的伤害在孩子的心理承受范围内，才能起到教育作用，一旦伤害过大，就会适得其反。

（3）根据孩子的个性特征来区别对待

自然惩罚法不是包治百病的灵丹妙药，在使用时要根据孩子的个性特征来区别对待。有的孩子对自然惩罚满不在乎，抱着无所谓的态度。比如，他把玩具弄坏了，你不给他买，他就不玩；他把衣服弄破了，你不给他换新的，他就穿破的。对于这种孩子，自然惩罚法就起不到作用，因此不要使用。有的孩子对自然后果的惩罚反应较为强烈，心理上受到的刺激过大。针对这类孩子，父母要注意观察，掌握自然惩罚的"火候"。如果运用一般的批评教育能解决问题，就尽量别用自然惩罚法。

另外，即使孩子的个性特征适合使用自然惩罚法来教育，父母也应该注意使用频率。父母切勿频繁使用，以免让孩子觉得父母不爱他，影响孩子对父母的感情。

父母小转变，孩子大改变

　　每个父母都有自己的性格特点，从而有独特的教育方式，其中有一些方式对孩子"有害无利"。父母应该及时觉醒，避免用错误的爱伤害了孩子。其实，只要父母做一些小小的转变，孩子就会有很大的改变，取得巨大的进步。

要"狠心"和孩子定规矩

苏联作家高尔基曾经说过:"爱孩子,那是连母鸡也会做的事,而真正教育他们则是一件大事。"

生活中,有一种父母就像母鸡那样袒护孩子。当孩子调皮捣蛋时,他们总是以"孩子还小"为理由,纵容孩子的行为。

在一家超市门口,一个小女孩在高兴地玩摇摇车。一个男孩过来后,猛地推了小女孩一把,小女孩吓得哇哇大哭。

女孩妈妈说:"小哥哥,你可以和妹妹一起玩,但不要推妹妹哦!"

男孩妈妈来了,说:"我家孩子能有多大力气,推一下能有多疼啊?你家孩子太爱哭了!"

女孩妈妈不高兴了,说:"你家孩子不懂事,欺负我家孩子在先,你怎么好意思这样说话?"

"你家孩子不是没受伤吗?你还要怎样?再说了,我家孩子还小,他懂什么啊？"男孩妈妈一脸不屑地说。

"孩子不懂事没关系，但大人怎么也不懂事呢？"女孩妈妈说着，牵着女儿离开了。

通过这个案例，我们可以看到一个孩子的教养与其父母的素养有很大的关系。当家长总是以"孩子懂什么，他还小"为理由，来为孩子开脱责任时，这个孩子将来就很容易变成一个不负责任、蛮横、自私的人。

在家庭教育中，当爸爸管孩子的时候，妈妈袒护道："不要太严厉了，他还小呢！"当父母教育孩子时，爷爷奶奶袒护道："你们不能这样教育孩子，他还小，等他长大了，自然就懂事了。"结果，不仅会造成孩子没有是非观念和责任意识，甚至会导致孩子人格扭曲。古训说得好："惯子如杀子。"如果想让孩子形成健康的人格，父母就应该狠下心来和孩子定规矩。

（1）规矩要简单易懂，让孩子容易遵守

年幼的孩子理解力没有那么强，自控能力有限，如果你给他定很复杂的规矩，并不利于他遵守，也就不利于他养成良好的行为习惯。因此，规矩要简单易懂，容易遵守。比如，要遵守交通规则，不准闯红灯；要诚实做人，不能说谎骗人；要爱护同伴，不能欺负他人。

在给孩子传达规矩时，父母要把道理讲清楚，而不能简单粗暴地命令孩子："你必须听我的！我说了算！"父母不要以为孩子小，就可以不尊重孩子的感受。你讲的道理也许他不能完全领会，但如果你给他充分的尊重，他就会信任你，配合你去遵守规矩。有些规矩实在讲不明白，你可以态度和蔼地告诉孩子："这是规矩，大家都要遵守的。"

（2）让孩子明确应该遵守规矩的场合

首先，当你给孩子立下规矩后，应该告诉孩子：无论什么时间和地点，

都应该去遵守。比如，不许随地吐痰，在家里要遵守，在外面也要遵守，不能在家一套，在外面一套；今天要遵守，明天还要遵守，不能今天这个样子，明天那个样子，否则，孩子可能会无所适从。

其次，你给孩子定的所有规矩，既是孩子应该遵守的，也是你应该遵守的。父母要以身作则，成为孩子遵守规矩的榜样。比如，让孩子注意交际礼仪，你也要规范自己的举止，热情地与别人打招呼，礼貌地称呼他人，别人跟你打招呼时要友好地回应，这样才能帮孩子养成守规矩的好习惯。

（3）规矩不能打破，但偶尔可以放宽要求

孩子毕竟是孩子，我们强调不能袒护孩子，不能惯孩子，但必须尊重孩子的特点。孩子自控力有限，有时候会健忘，在遵守规矩方面，孩子偶尔会控制不住自己，这要求父母适当放宽要求。比如，家里来客人了，大家都玩得很开心，孩子不想睡午觉。这个时候，父母没必要和孩子较真，完全可以温和地告诉孩子："今天情况特殊，爸爸妈妈答应你的要求，不过规矩不能忘记哦！"

反之，如果父母跟孩子较真，让孩子觉得父母没有半点商量的余地，可能会激发起孩子的逆反情绪，引起亲子冲突。再说了，孩子没有心情午休，你让他躺在床上，听着外面的客人玩得热火朝天的，孩子能休息好吗？所以，不如适当满足一下孩子，相信孩子不会因为一次放宽要求而把规矩抛诸脑后的。

有话不妨蹲下来和孩子说

在教育孩子时，很多父母早已习惯了对孩子发号施令："你给我好好听着……"直接把自己的主观愿望强加到孩子身上，而不考虑孩子的感受和想法。当孩子对他们的命令产生抵触时，他们又感到大失所望。这种父母并未把孩子当成平等的人，而是把孩子当成下级，我们称他们为"领袖型父母"。

美国精神病学家威廉·哥德法勃曾经说过："教育孩子最重要的，是要把孩子当成与自己人格平等的人，给他们以无限的关爱。"无数事实证明，"领袖型父母"居高临下地对孩子下命令，只会激发孩子的逆反情绪，影响亲子感情。蹲下来和孩子说话，才是尊重孩子，让孩子感受到被关爱和平等的选择。

一个周末的下午，刘慧去公司加班。出门时，儿子坐在沙发上看电视；下班回到家，她发现儿子还在看电视。一问得知，儿子整个下午哪儿也没去，在家看了三四个小时的电视。

刘慧想到长时间看电视会影响视力，不由得火冒三丈。她冲儿子吼道："你给我听好了，赶紧把电视关掉，不然的话我就不客气了！"儿子见妈妈发火了，赶紧关掉电视。

接着，刘慧质问儿子为什么看那么久电视。儿子抬头看了看她，随即把脸转向了窗外，一副似乎听不见的样子，让刘慧更加怒火难消。但刘慧还是控制住了怒火，降低声调问："你为什么当作听不见？你这样很不尊重人知道吗？"

没想到儿子反问道："你尊重我了吗？一回家就对我大吼大叫，对我下命令，我是你的员工吗？"儿子的话让刘慧不由得陷入了反思。

后来有一次，刘慧带儿子到公园看马戏表演，才彻底让她调整了跟孩子说话的方式。当时人山人海，刘慧牵着儿子的手慢慢走，儿子被逗笑了："气死了，我除了看到屁股，什么也看不到。"刘慧蹲下来，用孩子的视角看过去，发现看到的果然都是屁股。那一刻她突然意识到，和孩子处在同一高度，才能知道孩子的感受。

从此，刘慧每次跟孩子说话前，都要提醒自己"蹲下来"或"坐下来"，和孩子保持平视。这有利于集中孩子的注意力，孩子也更愿意沟通了。不知从何时开始，儿子的性格平和了许多，闹脾气的频率也少了。偶然的一天，儿子对刘慧说："妈妈，你蹲下来的样子更漂亮。"这句话让刘慧心花怒放。

蹲下来和孩子说话，真的有那么神奇的功效吗？它对孩子到底意味着什么呢？

首先，当你蹲下来和孩子说话时，你的语气、语调自然就会降低三分；而且沟通距离也缩短了，有利于双方眼睛对视，让孩子感受到大人的尊重。孩子看到的不再是一个高高在上、趾高气扬的爸爸妈妈，而是一个跟自己平等沟通的同伴。孩子虽然小，但对父母的情绪非常敏感。父母是否尊重自己，他们能轻易感受到。孩子受到父母的尊重，不仅会心情愉悦，而且也更乐意沟通。

其次，父母蹲下来和孩子说话，可以大大提高沟通效果。父母是权威的象征，很多时候他们喜欢摆出一副居高临下的样子，他们说什么，孩子就要听什么。在这种情况下，孩子的内心是抗拒的、压抑的。孩子对于父母的说教往往是嘴上服、心里不服。如果父母蹲下来和孩子说话，孩子感受到的不再是批评和指责的架势，而是一种平等的沟通，孩子会觉得："我虽然错了，但爸爸妈妈尊重我。"在这种情况下，沟通效果就会好得多。

最后，父母蹲下来和孩子说话，可以带给孩子两种神奇的东西，一种是自信，一种是信任。蹲下来和孩子说话，让孩子感受到尊重，有利于提升孩子的自我认同感，由此带给孩子的将是自信的性格。从小得到父母尊重的孩子，做事才不会畏首畏尾。而且孩子犯错后，还能因父母的尊重而积极改正错误，这样容易造就孩子乐观向上的性格。

蹲下来和孩子说话，能够向孩子传达父母的一种理解和关爱，有利于拉近父母与孩子心与心的距离，更容易获得孩子的信任和好感。在这样的气氛下沟通，孩子更容易敞开心扉。

"领袖型父母"在蹲下来和孩子说话时，父母要注意几点：

（1）蹲下来的高度，以与孩子保持平视为准

蹲下来和孩子说话，下蹲多高呢？一般来说，蹲下来的高度，以与孩子保持平视为准。即蹲下来后，父母和孩子的视线高度在同一水平上，便于沟通中双方对视，透过眼睛传递内心的情感。

（2）蹲下来后，和孩子说话要注意语气

父母眼神中要流露出关爱，语气要平和，比如，多用"如果""不妨""试一试""好吗""你觉得怎么样"等语句表达对孩子的尊重，而不要用"你为什么不……""你赶快给我……"等反问、质问和命令的语气和孩子说话，这类表达方式很容易让孩子产生逆反心理。

孩子要的其实是言传身教

中国人自古以来就有"棍棒底下出孝子"的说法，认为孩子不打不成才，只有严苛管教，孩子长大后才会成为"孝子"，才会有出息。果真是这样吗？下面是一位女士对童年生活的回忆，跟随她的回忆，我们看看父母棍棒之下教育出来的孩子，内心是多么缺爱。

"我的爸爸是单位领导，我的妈妈是私营企业的会计。从我记事起，只要我犯错了，就要面临挨打。考试考不好，打！考了90分，还是打！原因是很简单的题不该错，我却做错了。我爸和我妈吵架，我爸吵不过我妈，也会找个借口打我。

"当我在外面和小伙伴发生矛盾时，不管谁对谁错，我爸妈会先把我打一顿。我妈还经常向别人炫耀，说她从来不袒护我。看着别人的爸爸妈妈爱护自己的孩子，我真的很羡慕。父母应该是孩子的保护伞才对，可为什么我的爸爸妈妈从来没有给我安全感？

"爸爸妈妈打我也就算了，但打完我之后，却从不教育我一下，好让我知道为什么要打我。每次打完我，他们气消了，就扔下几句耳熟的话：'我们辛辛苦苦把你养大容易吗！''打你也是为你好，你长大了就会明白。'现在我长大了，可想到这些话，我觉得非常可笑，我一点都没觉得当初他们打我是为我好。

"如今我已结婚生子，虽然我嫁得离家不远，可我很少和父母联系。在我内心深处，早已没有对父母之爱的留恋。我从其他亲人口中得知，我爸爸妈妈时常抱怨我，说我不去看望他们。可悲的是，他们至今没有明白棍棒教育带给我的心理阴影。"

棍棒式教育是正确的教育方法吗？绝对不是，美国心理医生拉希勒·布里格斯曾说："你如果打孩子，就等于告诉他们这是一种处理问题的方法。"

打骂孩子不仅无法让孩子认识到自身的问题，改正不良的言行；相反，还会让孩子变得极端自卑，或形成反社会型人格障碍。棍棒打在孩子身上，给孩子造成的肉体伤害可以愈合，但是给孩子心理上的创伤永远不会消失。

每个孩子都是独立的个体，他们有自己的思想，有自己要走的路。父母不能用自己的思想去绑架他们，强迫他们按照自己的意愿去成长。

每一位世界冠军背后，都有一名优秀的教练。同样，每一位有出息的孩子背后，都有优秀父母的正确教导。孩子的教育是一门艺术，要因材施教，科学引导，而不是粗暴地打骂。因此，请父母放弃棍棒式教育，努力做孩子心目中温暖、有爱的父母。

（1）先进行自我教育，再去教育孩子

教育孩子是一种修行，看似孩子是教育对象，父母是施教者，但从某种程度上来看，父母也是教育对象，也应该接受教育。比如，很多父母在没有处理好情绪时，就急于批评、打骂孩子，这就是在用错误的方法教育孩子。

如果父母能够在教育孩子之前，先反思自己：孩子出现这个问题，是否有我教育失当的责任呢？有了这样的反思之后，父母就更容易调整自己的心态和情绪，设法让自己以平和的状态与孩子沟通，这样效果肯定会大不一样。

（2）尊重孩子的想法，给孩子解释的机会

孩子做任何事情，都有他的理由。尽管理由可能不充分，想法可能很幼稚，但孩子的动机你是否了解呢？你是否应该给孩子一个解释的机会，听一听孩子是怎么想的呢？也许当你听完孩子的解释，你就会突然发现：天啊，我误解孩子了！

萱萱从花盆里摘了一朵月季花。妈妈发现后，生气地批评了她一顿："养花是为了观赏，你怎么能随便偷摘呢？把手伸出来，打手心！"萱萱很委屈："妈妈，我们语文老师生病了，我想摘一朵花送给她。"妈妈听了萱萱的话，顿时无比惭愧，蹲下身来把萱萱搂在怀里，并向她道歉。第二天，她陪萱萱去医院看望了老师。

这个世界没有无缘无故的错，孩子犯错背后，往往有特定的原因。父母在批评教育孩子之前，应该给孩子解释的机会，了解清楚原因，切勿不由分说就把孩子痛批一顿甚至痛打一顿。这种做法可能会打击孩子美好的动机，伤害孩子纯真的心。

（3）做榜样型父母，对孩子进行言传身教

著名主持人杨澜说过："做父母最重要的是把自己变得更好。"父母作为孩子的第一任老师，一言一行都是孩子最直观的教材。父母最重要的是做好表率，营造良好家风，为孩子树立"不以善小而不为，不以恶小而为之"的榜样，而不应该用粗暴的打骂，展示自己的威严。

批评 10 遍不如夸奖一遍

"你怎么老是贪玩？说过你多少次了，怎么一点儿也不听话？"

"你怎么又在看电视？作业做完了吗？不是跟你说了吗，作业没做完就不准看电视，你当作耳旁风了是吧？"

"说了起床之后要叠被子，你看看床上的被子，乱七八糟的，像猪窝一样，叠整齐一点不好吗？"

生活中，有些父母喜欢抱怨孩子。他们抱怨孩子学习不努力，考试成绩差；抱怨孩子贪玩不听话，调皮捣蛋；抱怨孩子身上的缺点，痛批孩子的各种毛病。他们在心里抱怨，在孩子面前抱怨，在外人面前抱怨，好像孩子浑身上下都是不足，没有一点能够让他们感到满意。

在父母的抱怨之下，孩子会以为父母不喜欢自己，觉得自己很糟糕，继而积极性、自信心慢慢被磨灭。终有一天，孩子会产生自暴自弃的心理，与父母公然对抗，挑战父母的权威。

工作了一天，王悦感到很疲惫。当她回到家，看到儿子把作业丢在一边，正在漫无目的地翻阅儿童读物时，顿时气不打一处来，忍不住抱怨道："爸爸妈妈每天上班累得要死，为的就是赚钱让你好好学习，将来能有大出息。你倒好，作业不认真写，整天就知道看没用的东西。再看看你每次的考试成绩，你就不知道争点气吗……"

听到妈妈一顿抱怨之后，儿子放下了读物，开始写作业了。可王悦好像没说够一样，继续在儿子耳边唠叨。终于，儿子忍不住了，他捂着耳朵叫道："不要再说了，我要写作业了。"

"我没回家，你也不写作业。我说了几句，你就嫌吵是吧？"

"我不写作业你说我，我写作业你还说，那你到底让不让我写作业？"儿子针锋相对。

王悦更生气了，语言上更加激烈，母子之间闹得很不愉快。

抱怨并不能解决问题，而会激化问题。也许爱抱怨的父母不会这么想，但事实就是这样，抱怨往往只会激化双方的负面情绪，恶化亲子之间的关系，让孩子备受压抑。

在上面的案例中，王悦之所以生气、抱怨，可能根源并不是孩子不认真写作业，而是一整天的工作太累，或工作中遇到了不顺心的事情，情绪不佳，所以看到孩子不认真写作业，而是在玩游戏时，不良情绪瞬间被点燃。

如果王悦换一种方式表达，也许效果就大不一样了，比如说："儿子，今天妈妈工作一天累坏了，回来看见你不认真写作业，心情非常复杂，此时此刻我不知道怎么表达我的心情，因为在我心里，你一直是个懂事的好孩子，你知道应该先做作业，再做其他的事情。"

想象一下，如果妈妈这样心平气和地、积极地表达自己的想法，孩子听了感觉会如何呢？是不是比消极抱怨的效果更好呢？

积极的表达与消极的抱怨相比，能让孩子感受到父母的期望和关爱，保护孩子的积极性，更有利于孩子改正不良的行为表现；同时还能引发孩子换位思考，使孩子学会体谅父母的心情和感受。所以，当父母发现孩子有不良行为时，要采取积极的方式和孩子沟通。

（1）批评孩子不要翻旧账，小心批评成抱怨

批评是教育孩子不可缺少的方法。当孩子有不良的表现时，父母可以批评孩子，但请注意批评要就事论事，而不要翻旧账。因为一旦父母翻旧账，批评就变了味，变成一种消极抱怨。

比如，"这道题我前几天不是告诉过你怎么解答吗，怎么今天还不会做？你到底长没长脑子啊？"这就是典型的消极抱怨，而不是批评。

就事论事的批评应该是这样的："宝贝，这道题让我想起了前几天一道类似的题，我记得当时给你讲过解答方法的，还记得吗？要不再回忆一下，用那个方法来试一试解题？"你还可以加入一点幽默或自嘲的元素，比如："宝贝，看起来你完美继承了你爸爸的风格——健忘，妈妈记得几天前跟你讲过一道类似的题，你试着回忆那套解题思路，看能不能把这道题做出来？"

（2）先肯定孩子的优点，再指出孩子的不足

无休止的抱怨会蒙蔽父母的双眼，让父母看不到孩子的优点。这会给孩子强烈的消极暗示，让孩子对自己失去信心，认为自己是个糟糕的孩子，甚至自暴自弃。

所以，建议父母想抱怨孩子，想发牢骚时，先想一想孩子的优点，回忆一下孩子哪些表现让你满意，让你引以为傲。然后，真诚地发出赞美，给孩子正能量，再客观地指出孩子的不足，教孩子如何去改正。这样孩子会更容易接受你的教育。

请给孩子十足的安全感

你恐吓过孩子吗？如果突然问你这个问题，你可能会不假思索地说"没有""怎么会呢"。但事实上，很多父母都曾在不经意间恐吓过孩子。比如："你再不乖，妈妈就不要你了！""你再哭，爸爸就不喜欢你了！""你再不听话，就让大灰狼把你抓走！"是不是很耳熟？

一个周末，朱先生带着孩子乘公交车，在车上看到这样一幕：

一个 6 岁左右的女孩闹着要坐在公交车靠前的位置："我从来都没有坐过前面，让我坐一次怎么了？"但是她妈妈可能觉得那儿离后门太远，不方便下车，就连拖带拽地把她拉到后排靠门的座位上。

过了一会儿，女孩妈妈貌似碰到了熟人，扭头对女孩说："快叫阿姨！"女孩一甩脸，硬生生地回了句："我偏不叫，怎么了？"女孩妈妈可能感觉不好意思，马上声色俱厉地说："快叫，再不听话，我就不喜欢你了。"没想到女孩脾气挺倔，说："我就不叫！"

妈妈很生气，忍不住打了女儿一巴掌。结果，女孩哇哇大哭起来。在一车人诧异的眼神中，妈妈冲女孩吼道："给我憋住，不要哭了，再哭我就不要你了！"女孩听见后吓住了，赶紧拉着妈妈的胳膊说："我不哭了，妈妈别不要我。"

孩子不听话确实很让人头疼，可是一味地用恐吓的方式教育孩子，短时间可能会奏效，可是往往后患无穷。

（1）容易导致孩子缺乏安全感

在孩子的世界里，父母就是他全部的依赖，父母拿"我不要你了"去吓他，孩子当然会当真，当然会害怕。因此，恐吓很容易起到暂时驯服孩子的效果，可这种效果是以破坏孩子的安全感为代价的。父母经常恐吓孩子，孩子就会整天提心吊胆，害怕有一天父母真的不要自己了。在这种情况下，孩子会严重缺乏安全感。

（2）容易导致孩子产生自卑心理

父母经常恐吓孩子，很容易导致孩子自我否定，形成低自尊、低自信的人格。在父母面前，孩子可能表现得唯唯诺诺、小心翼翼，有想法不敢说，想做什么事情也不敢去尝试。

（3）容易导致孩子产生叛逆心理

父母恐吓的言行传递出的信息是："你只有表现好，听我话时，我才会爱你；不然，我就不要你了。"在这种情况下，孩子起初往往会讨好父母，但随着孩子不断成长，孩子发现父母不可能不要自己，于是，他就可能和父母对着干了。

（4）容易使孩子产生心理疾病

有些家长为了让孩子听话，经常用"鬼""狼"等东西吓唬孩子，让孩子很害怕。孩子晚上睡觉时，可能会做噩梦。孩子正处于身体机能迅速发展的阶段，如果经常因恐吓导致精神高度紧张，容易引发心理疾病。

事实上，孩子不听话是有原因的。我们耐心听孩子说出内心的想法，就会发现孩子跟大人想问题、看事情的角度不一样。尊重孩子的想法，和孩子平等沟通，就很容易获得孩子的认同，孩子也会更愿意遵守规矩，养成好习惯。

（1）理解孩子的行为和心理特点

心理学认为，孩子从出生后15～30个月开始产生自我意识。对于父母的安排，他们会表现出很大的选择性，会出现不听话、任性、叛逆的行为表现。其实，这是孩子身心发展的必经阶段，孩子的思维方式和大人不一样，表达能力也有限，因此，往往会直接抗拒大人的安排。

比如，孩子不喜欢刷牙，可能仅仅是因为牙刷的毛太硬了，但是他对牙刷的认识非常有限，以为所有的牙刷都是这样的，所以他不会要求父母换一把牙刷，而是直接抗拒刷牙这件事，这就造成父母误以为孩子不愿意刷牙。如果父母能细心地观察、耐心地询问，就会明白：原来孩子不是不爱刷牙，也不是不听话，只是需要一把柔和的牙刷。

（2）道理讲不通时，要灵活应变

有些父母很有经验，当孩子不配合穿衣服时，他们知道跟孩子讲一百遍"再不穿衣服就要感冒了"也没有用，不如跟他玩一个"穿衣游戏"。比如，妈妈对孩子说："我们来玩火车钻山洞的游戏好不好？"孩子一听火车钻山洞，可能马上就来劲了，然后配合妈妈，顺利地穿上外套和裤子。

孩子听不进大道理是很正常的，因为孩子不像大人一样理智，不知道行为可能造成的后果。父母要理解孩子，学会运用游戏来引导孩子。

（3）把孩子当对手，学会跟他谈判

当孩子不听话时，父母最好不要把孩子当成下级，命令或恐吓孩子，而应该把孩子当对手，跟孩子沟通和谈判。把孩子当对手，意味着尊重孩子，平等地对待孩子。在这种状态下，孩子往往也乐于和父母沟通，这有利于培养孩子的沟通、谈判能力。

比如，天色已晚，孩子在外面玩得起劲，不肯回家。父母好言好语地劝他回家，他就是不答应。这时很多父母可能会生气，开始吼孩子、恐吓孩子，甚至直接把孩子拽回家。

但聪明的父母不会这么做，他会跟孩子谈判。既然谈判，就要拿出方案来。因为孩子年幼，通常拿不出可行性的方案。父母应该拿出方案，最好是多种方案，让孩子从中选择。

方案1："如果你真的没玩够，那妈妈再陪你玩5分钟，但5分钟之后，我们要回家，你看行吗？"

方案2："妈妈肚子饿得咕咕叫了，怎么办呢？你愿意陪妈妈回家吃饭吗？"

方案3："要不这样吧，我们先回家吃饭，吃饱了再出来玩，你觉得好不好？吃饱了才有力气玩，而且还能顺便带个小皮球出来玩！"

……

总之，父母要变着方法来说服孩子。当然，如果无法说服孩子，你可以干脆抱着孩子回家，告诉他："我们应该回家了！"这样做至少比恐吓孩子好。

骂孩子不如夸孩子

经常有父母对孩子说这样的话：

"你脑子真笨！"

"你这都不会啊！"

"这还不明白吗？"

"这多简单啊！"

"你动点脑子行不行啊？"

"你知道什么啊？"

父母的话传递给孩子的是一种消极的信号，给孩子带去的是负面的暗示。孩子很容易从父母冷嘲热讽的评价中得出一个定论："我不行，我很笨，我就这样了。"继而对父母的嘲讽表现得麻木，干脆自暴自弃。

叶女士曾给女儿报了一个暑期游泳班。有一次，她陪女儿去学游泳，在更衣室里，她碰到一对母子，孩子四五岁的样子。更衣室里空间小，人又多，孩子的动作又笨又慢。

妈妈在旁边不帮忙，可能是想培养孩子的独立能力，但嘴巴却没闲着："哎呀，你先脱了 T 恤，再脱裤子，再穿泳衣啊，你怎么不明白呢？你早早就把泳衣拿出来，不是找事吗？做事要动脑子，懂不懂？你会不会动脑子呀……"

她说话的语气并不严厉，语速也不快。孩子好像已经听惯了似的，面无表情，一副无所谓的神情，照样不紧不慢地换衣服。

这位妈妈看似在教导孩子怎么脱衣服、穿泳衣，但她的语气和态度却充满了对孩子的否定和嘲讽，她是在发泄内心对孩子笨拙行为的不满。

父母期望孩子表现出色，这种心情很好理解，但带着一种恨铁不成钢的心态，摆出一副蔑视的态度，用一种嘲讽的语气对孩子的行为指指点点，容易在无形中刺伤孩子的自尊心，打击孩子做事的积极性。

事实上，孩子的智力都差不多，之所以有些孩子笨手笨脚，屡教不改，往往与父母长期嘲讽，不断地给孩子负面的暗示有很大关系。父母经常说孩子"笨"，说孩子这不行、那不行，会给孩子造成"我真的很笨""我真的不行"的心理定式。

社会心理学认为，一个人的自我形象，很大部分取决于自己对他人反应的理解，即通过"我看人，人看我"的方式形成的。自我形象一旦形成，就会成为制约人行为的力量。"孩子越笨你越说，你越说孩子会越笨"的道理就在于此。

父母应该给予孩子更多的赞赏，给孩子积极的暗示和鼓励。这样才能帮孩子建立积极自信的人生态度，充分释放孩子生命的潜能。

（1）多看孩子的闪光点，给孩子信心

孩子都是有上进心的，如果得到肯定和赞扬，那么他就会在心理上得到满足，在情绪上产生愉悦感，在精神上获得激励，在思想上获得动力，从而

极大地增强了孩子的自信和自尊。而自信心、自尊心、上进心是孩子获得成功的根本元素。

在日常生活中，父母要多看到孩子行为中的闪光点，经常赞扬孩子。比如，孩子和同伴玩耍时，懂得分享玩具、零食，懂得礼让同伴；孩子在阅读时，能够集中注意力；孩子在写作业时，能够把字写得工整；等等，这些都是值得父母去赞扬的。

（2）多对孩子表达信任，给孩子勇气

父母是孩子的精神支柱，如果连父母都不信任孩子，试想一下孩子会有怎样的感受呢？他会觉得整个精神世界都坍塌了，再也找不到进取的力量。所以，多对孩子表达支持吧，给孩子支持，孩子才会给你意想不到的表现。

比如，孩子要参加学校举办的舞蹈演出，演出之前有些紧张，害怕演不好，你可以这样鼓励他："妈妈相信，只要你放松去表演，就能够像欢快的小鸟一样翩翩起舞。"当你用信任和赏识的眼光看待孩子时，孩子会充满勇气，表现得更加积极。他可能主动做家务，如收拾碗筷、擦地板、整理房间……孩子越做越有信心，越做越快乐，终将成为一个自信、乐观、进取的人。

（3）多对孩子表达期待，给孩子力量

当孩子表现不佳时，父母最好不要过于关注当下，而应该放眼于长远，对孩子表达出强烈的期待。比如，孩子绘画不好，你可以对他说："这只是暂时的，妈妈相信你经过不断的练习，将来一定能成为出色的画家。"孩子成绩不好，你可以对他说："这只是暂时的，妈妈相信只要你每天认真学习，做作业、复习、预习，你的成绩很快就会提高的。"

总之，你给孩子期待，孩子才会给你惊喜。

别人家的孩子 VS 自家孩子

日常生活中，有些父母为了激励孩子，喜欢拿"别人家的孩子"和自己的孩子做比较。比如："你看看隔壁家的某某某，学习多自觉啊！""我同事的女儿被评为三好学生，你怎么就没人家这么争气呢！"父母本意是让孩子看到自己与别人的差距，能够奋起直追，变得更优秀，但结果却给孩子带来许多不良影响。

首先，孩子觉得父母爱自己是有条件的，只有表现得比别人好时，父母才会爱自己。如此一来，孩子就容易产生不安全感、自卑感，直接影响孩子快乐成长。

其次，孩子觉得父母爱的不是自己，而是"别人家的孩子"，因为父母总是夸奖"别人家的孩子"。这样一来，孩子可能会憎恶"别人家的孩子"，甚至做出过激的行为，打击、报复"别人家的孩子"。

最后，孩子还可能觉得反正父母不喜欢自己，继而变得更加顽劣。

陈女士曾经因为"别人家的孩子"而与儿子有过一段不开心的经历。有一次，她听说儿子班里有个同学在全市英语竞赛中得了第一名。在儿子面前流露出对那个孩子的钦佩，同时也抱怨了几句，还对儿子寄予厚望："你什么时候能像那个同学一样啊？"

没想到儿子非常敏感，马上不满地说："你还是找别人做你儿子吧，我没那个本事！"以前陈女士也见过儿子有类似的反应，但她总认为儿子不够虚心，见不得她表扬别人，可这次儿子明显特别不开心。

陈女士后来冷静下来一想，意识到自己用这种方式来刺激儿子，反而会伤害儿子的自尊心，引起孩子的逆反情绪。从那以后，她和丈夫再也不拿"别人家的孩子"和儿子做比较了。

作为父母，有时候应该换位思考一下。假如孩子总是拿别人的父母和你比较，说你没人家父母赚得多，说你家房子没有人家房子大，说你家的车没有人家的车好等，你会有怎样的感受呢？

教育孩子要将心比心，当你用"别人家的孩子"来教育自家的孩子时，别忘了换位思考一下，当你体验了孩子的内心感受后，就不会轻易拿孩子和"别人家的孩子"做比较了。

比尔·盖茨是家喻户晓的人物，他在短短的 20 年时间里，就创造了自己的商业帝国，取得了举世瞩目的成就。他的成功与自己的努力分不开，但也与父母的教育有关系。比尔·盖茨的父母到底是怎样教育他的呢？我们从他写给父母的一封信中，就能知道一个大概。这封信里有一段话是这样说的：

"亲爱的爸爸妈妈，谢谢你们！你们从不说我比别的孩子差，尽管我在某些方面确实不如别的孩子，可你们总是会对我说：孩子，你不比任何一个孩子差，相信自己，你是最棒的！正是你们阳光般的鼓励，使我拥有了强大的自信心做动力，让自己一步步地走向成功，走向人生的辉煌！"

这段话启示父母不能总揪着孩子的缺点不放，不能拿别人家的孩子和自己的孩子做比较。正确的做法是多肯定孩子的优点，多鼓励孩子，激发孩子的自信心。具体来说，要注意这样几点：

（1）承认孩子之间的差异

每个孩子由于家庭背景、成长经历、教育环境等不同，认知能力、生活经验、性格特点、学习方式等都是不同的。父母应当承认孩子之间的差异，不能拿"别人家的孩子"作为自己孩子进步的标准，进行盲目比较。而且，这种差异往往是孩子的个性造成的，所以更需要父母来加以保护。因此，父母正确的态度是，根据自己孩子的特点有针对性地进行教育。

（2）需尊重孩子的天性

孩子天生就有不同的个性，父母应该尊重孩子的天性，而不能盲目对比、跟风，比如，不能见人家孩子报了某个兴趣班就报同样的班，不能见人家孩子上了北大、清华就要求自己孩子也考北大、清华。

正确的做法是把孩子跟自己比。比如，孩子今天的表现如何？和昨天比有没有进步？孩子这个月的学习成绩怎么样？和上个月比，有没有进步？哪怕发现孩子有一丁点儿进步，也要给予赞美。坚持一段时间，你会发现孩子充满自信，不断地进步下去。

当然，当你觉得"别人家的孩子"有值得学习的地方时，可以先肯定和表扬孩子的优点，然后再引导孩子向别人学习，这样孩子更容易接受你的建议。

如何放下手机陪孩子

"怎样才能让妈妈不玩手机？"

"爸爸下班了不理我，是不爱我了吗？"

"怎样才能让爸爸妈妈更爱我呢？"

......

上面几句话代表了很多孩子的心声。智能手机的普及让"手机病"肆意蔓延，加上工作劳累，很多年轻的父母下班之后喜欢玩手机、玩游戏。当孩子渴望得到父母的陪伴、和父母交流时，却被无情地拒绝了："你自己玩吧，我忙着呢！"

父母拒绝陪伴孩子，忽视和孩子沟通，会让孩子误以为父母不爱自己了。孩子在家里缺少交流对象，久而久之就可能沉迷游戏、动画片，变得沉默寡言。这不仅会严重影响亲子感情，而且还会影响孩子的性格发展。

说起自己的儿子，嘉丽一脸无奈："前几年，儿子活泼开朗，什么都愿意和大人说，自从上了三年级后，跟我们说话就越来越少。现在我们跟他说话，问他学习上的问题，他都爱答不理。每天放学回来，就把自己关在房间里，感觉儿子跟我们的距离越来越远了。"

听到好友嘉丽这番诉说，陈菲讲了自己的女儿。她的女儿虽然站起来个头快有陈菲那么高，算得上是个大孩子了，但什么都愿意跟父母聊。大人谈论什么话题，她都能加入进来，积极发表自己的观点。而且大多数时候，大人对他的观点都很支持鼓励。一家人经常聊得特别开心，其乐融融。

嘉丽非常好奇，问道："你们是怎样和女儿保持这么好的感情的？"

陈菲说："我们也没做什么，就是经常陪伴她，我们一起做游戏，或看电影，或出去玩，我们会保持不断的交流。"

嘉丽恍然大悟："我明白了，原来我对孩子缺少了陪伴和交流。"

在传统的中国式家庭，沟通风格是保守、等级分明的。时代在进步，父母和孩子的沟通方式已经不像父辈那么保守刻板，但依然存在隐形的代沟。

当孩子从搂着父母的脖子无话不谈的"贴心小棉袄"，慢慢变成了"沉默的羔羊"，喜欢独自待在房间里时，父母应该反思哪里出了问题。抚养孩子不只是给孩子提供好的居住环境，给孩子吃的、穿的、玩的，还应该重视陪伴孩子，和孩子沟通，给孩子心理上的满足，让孩子感受到父母的爱和关注。

（1）每天和孩子聊聊天

年轻父母每天忙于工作，能够陪伴孩子的时间并不多，但这并不是父母忽视孩子的理由。首先，只要父母从每天玩手机、玩电脑的时间里，抽出 10 分钟去陪伴孩子，和孩子聊聊天，孩子就会感受到你对他的关注，得到满足。其次，你还可以在每天陪孩子吃晚饭的时间和他聊一聊有趣的事情，和孩子交流感情。

心理学家的研究表明，父母每天坚持花时间和孩子谈论一些有趣的事情，可以刺激孩子的大脑发育，拉近父母与孩子的感情纽带，促进孩子智力、情感等方面的健康发展。

（2）带孩子享受外出时光

在节假日里，父母可以带孩子享受外出时光。比如，带孩子去图书馆，一起享受阅读的快乐；陪孩子去游乐场，一起欢呼雀跃；带孩子去吃一顿美食，感受餐桌上的美好时光；带孩子去公园，感受大自然的魅力。

要特别提醒的是，在陪伴孩子外出时，父母除了用手机拍照，最好少玩手机。

一位妈妈不无感慨地说，她带女儿去游乐场时，总是让女儿一个人在里面玩，自己在外面玩手机。后来有一次，女儿不高兴地说："以后别带我来游乐场了，没意思！"原来，女儿觉得妈妈并没有用心陪伴自己，完全是在敷衍自己。这件事让她意识到，陪伴孩子是要用心的，切勿人在孩子身边，心却远离了孩子。

（3）陪孩子参加趣味活动

李女士是一家公司的业务经理，也是一位母亲。虽然平时工作很忙，但她和老公每天下班后，都会抽时间陪伴孩子。除了和孩子聊学习外，还会和孩子下棋、读书、做游戏。在趣味游戏中，孩子不仅感受到了快乐，而且思维能力也得到了激发。

此外，李女士有个规定：每周末都会进行一次大扫除。尽管家里并不脏乱，但一家人在固定的时间里一起打扫卫生，边做事边聊天，有时候打打闹闹，大家特别开心。

从李女士的例子可以看出，在陪伴孩子参加趣味活动的过程中，父母和孩子既交流了感情，又培养了孩子的做家务能力和家庭责任感。

拆掉孩子的
"情绪炸弹"

孩子的负面情绪犹如滚雪球，终有一天会在孩子内心"爆炸"，使孩子的成长道路变得坑坑洼洼，甚至改变了方向。作为孩子最亲密的人，父母应该走进孩子的内心，帮他及时消除负面情绪，让孩子乘风破浪前进。

怎样安抚愤怒中的孩子

年幼的孩子由于不懂得用恰当的方式表达自己的感受，在遇到困难或生气的事情时，可能用大喊大叫、乱扔东西、打人等方式来发泄情绪。这时父母可能也很生气，忍不住吼孩子，声音比孩子还大，甚至动手打孩子。这样做虽然能暂时控制住孩子，但孩子的脾气会越来越差。

有一次，吴美萍和朋友聊天，朋友发愁道："我儿子的脾气特别差，平时有一点不顺心的事情，他就发脾气，大喊大叫，甚至摔东西。"

"都因为什么事情发脾气呢？"吴美萍问。

"比如，打不开零食的包装，他会嘴里嚷嚷不停，甚至气得直跺脚，直接把一袋零食往地上一摔。再比如，够不着高处的东西，他会大喊大叫；和小伙伴们一起玩时，如果有人抢了他的玩具，他也会大喊大叫，或直接粗暴地抢回来……"

"当孩子发脾气时，你是怎么处理的呢？"

"有时候我会安抚他，有时候我也很生气，会吼他，甚至会打他一顿。好像只有这样，他才会乖乖的。"

当孩子发脾气时，父母对孩子大吼大叫，甚至打骂孩子，无疑是在给孩子错误示范，这会对孩子造成两种不良的影响。

首先，孩子的负面情绪会受到压抑，不能顺利地发泄出来，影响孩子的身心健康。

其次，孩子将来面对他人的负面情绪时会缺少同理心，不懂得安慰他人。孩子将来为人父母时，对待自己孩子的负面情绪，也可能采取简单粗暴的方式。

父母要想处理好孩子的坏脾气，让孩子平静下来，首先应该控制好自己的情绪，给孩子做个好榜样。具体来说，父母要做好以下三点：

（1）正视孩子发脾气是一种情绪宣泄

发脾气其实就是孩子表达情绪的一种常用方式。尽管父母不愿意看到孩子用大喊大叫、又哭又闹的方式宣泄情绪，但也得正视这种情绪表达方式。因为愤怒情绪会伴随人的一生，你不可能让它消失。只能伴随孩子年龄的逐渐增长，教孩子学会管理自己的情绪，不让愤怒的情绪控制自己。

在面对孩子发脾气时，父母应对孩子的心情表达理解、认同，并引导孩子把内心的不快说出来，比如："妈妈知道你肚子饿了，所以才着急打开包装，是不是呢？"这样不仅能缓解孩子的不悦，还能教孩子学会用准确的词语表达自己的情绪和感受。

（2）耐心地了解孩子发脾气的原因

国外心理学家把孩子发脾气分为两种类型，一种是操作型发脾气，另一种是气质型发脾气。

操作型发脾气指的是孩子通过发脾气来达到自己的目的。比如，你带孩子去商场，孩子想要玩具，你不给他买，他就哭闹，以便让你妥协。

气质型发脾气指的是孩子因某方面受到了侵犯，而做出的强烈的情绪反应。比如，孩子的玩具被小伙伴抢去了，孩子愤怒地大喊大叫。再比如，你答应周末带孩子去动物园，可周末你突然改变计划，孩子可能会发脾气。

如果孩子发脾气属于操作型发脾气，你可以采取冷处理。比如，孩子哭闹，要你给他买玩具，你可以简单明确地说明理由："家里有这个玩具，再买就是浪费。"然后让孩子哭闹，直到他停下来。

如果孩子发脾气属于气质型发脾气，那你应该在理解孩子感受的前提下去引导他。比如，孩子的玩具被抢了，首先，你要理解他："哦，真的很糟糕，如果我的东西被别人抢了，我也会生气的。"其次，引导孩子表达自己的态度："妈妈建议你和小朋友沟通一下，让他归还你的玩具。你也可以让他先玩一会儿，等会儿再让他归还，这叫分享。"

如果孩子因你爽约而生气，那么你最好给孩子一个合理的解释，并提出有效的补偿措施，比如："妈妈今天有重要的事情要处理，明天再陪你去动物园好不好？"

（3）等孩子情绪稳定后再给他讲道理

孩子发脾气的时候，经常见到父母忙着给孩子讲道理："发脾气有什么用啊？发脾气能解决问题吗？""你把玩具给小朋友玩一玩嘛，有什么大不了的，要大方一点，学会分享知道吗？"再看看孩子，并没有听进去父母的话，依然哭闹不止。

显然，父母的说教没有起到作用。为什么会这样呢？很简单，孩子正处于负面情绪的笼罩下，心情还未平复，哪有心思听父母讲道理呢？

正确的做法是，等孩子情绪平复下来时，再温和地跟孩子讲道理，告诉他如何控制自己的脾气。同时，还要教孩子冷静地处理问题，比如，零食包装打不开时，要冷静地从袋子上找撕破口，或者用剪刀剪开。

这4招可以制止任性的孩子

我们先来看一个孩子任性的案例：

5岁的阳阳是一个性格外向、活泼可爱的男孩。最近阳阳的妈妈林女士发现，阳阳越来越任性了，喜欢跟大人对着干。比如，他看电视时，总是把音量开得很大，大人觉得闹腾，让他把声音调小一些，他好像没听见一样。如果多说他几句，他就开始顶嘴。有一次，林女士气不过，抢过他手中的遥控器，他便开始发脾气，大吵大闹。

有时候，一家三口吃完晚饭后去广场散散步，或去超市买点东西，不管是在广场上看到玩具，还是在超市里看到零食，他都会缠着大人给他买。林女士和丈夫觉得那些东西不实用，没有必要买，便轻言轻语哄他。可阳阳听不进去，把想要的东西拽在手里不放开，嘴里喊着："就要，我就要！不给我买我就不回去……"惹得路人纷纷围观。

林女士和老公反思了自己的教育方式。原来，他们一直觉得阳阳还小，对他的要求都是尽量满足，而很少考虑阳阳的需要是否合理。有时面对阳阳不合理的要求，他们一次又一次地让步，无形中纵容了孩子。

当阳阳出现任性行为时，一开始林女士和丈夫还能按捺自己的情绪，耐心地跟他讲道理，可这并不管用。这时林女士的丈夫便控制不住自己的冲动，劈头盖脸地训斥孩子一顿，甚至打孩子一顿，简单处理这令人尴尬的局面。可是过了几天，阳阳的任性依然如故。

对于孩子任性的表现，林女士和丈夫万分头痛。

长辈的溺爱、父母的迁就，使孩子形成了任性的毛病。当大人不再满足孩子的要求时，孩子便开始拿出任性的撒手锏——又哭又闹、撒泼打滚。

很多父母在孩子的强力攻势下，只好妥协，满足孩子的要求。有时实在生气，便简单粗暴地训斥。其实，这两种方式都不利于纠正孩子的任性行为，反而会助长孩子的任性，使孩子变得蛮不讲理。

心理学家认为，家长应该及时洞察孩子的心理活动，采取正确的态度，选择恰当的教育方式，有针对性地矫正孩子的任性。同时，帮助孩子学会控制自己的情绪，调节自己的行为，使孩子成为一个懂事的人。下面，介绍几种治理孩子任性的方法：

（1）安静缓和法

当孩子任性耍赖时，如果大人耐着性子采取亲和的方法，反而可能会使孩子哭闹得更厉害。可如果大人态度粗暴，斥责或打骂孩子，又会走向另一个极端。正确的做法是采取安静缓和法，即保持平静的态度，提醒孩子停止哭闹，建议他安静下来。比如，给孩子倒杯水，说："喝点水吧，看你哭了这么久，肯定口渴了吧！"这时没必要和孩子讲道理，也没必要批评孩子任性是不对的。等孩子平静以后，再以温和的口吻教育孩子。

（2）不予理睬法

如果安静缓和法起不到作用，父母可以采取不予理睬法。即面对孩子任性的行为时，装作没听见，或暂时离开。这是避免孩子可能出现闹事行为的有效方法。如果是在家里，父母可以让孩子一个人留在屋内，自己离开一会儿，把门关上，告诉孩子："情绪平复了可以自己出来。"

采用这种冷处理的方法时，家里所有成人必须协同一致，切勿父母不理睬孩子，爷爷奶奶又去哄孩子。当孩子平静以后，对他也不能迁就让步，应该像什么事情都没发生一样，继续不予理睬一段时间，让孩子认识到自己的行为引起了大家的不快，从而使孩子学会调整自己的行为。

（3）注意力转移法

当孩子出现任性行为时，父母可以根据当时的情况，设法转移孩子的注意力。

好朋友带着孩子来家里玩，儿子把自己新买的遥控汽车拿出来显摆，还一本正经地教小客人玩。可是不知怎么了，遥控汽车突然不走了。儿子以为汽车坏了，便不依不饶地撒泼，对小客人说："都怪你，把我的遥控汽车弄坏了，你给我赔！"

面对这一尴尬局面，妈妈笑着对儿子说："宝贝，你去阳台上看一看，好像邻居林林叫你了！"儿子转过身跑向了阳台，果然看见林林在叫他，于是，他把刚才的事情忘记了，跑到楼下和林林玩了。

孩子年幼，注意力集中的时间往往比较短，这一刻他还在纠结遥控汽车坏了，下一刻可能就忘了这茬。只要你能给孩子一个感兴趣的建议，就能迅速转移孩子的注意力。比如："你那个帅气的变形金刚呢？赶紧拿出来给小哥哥看一下吧！"

（4）通俗讲解法

当孩子停止任性的行为，情绪平复下来时，父母可以进行深入浅出的教育。家长可以先讲个笑话缓和一下气氛，然后通过讲故事来引发孩子思考，听完后谈谈体会，促使孩子反省自己。讲道理之后，别忘了告诉孩子："爸爸妈妈还是很爱你的，希望你记住今天爸爸妈妈给你说的话！"

如何赶走孩子内心的"胆小鬼"

前两天，徐女士加了一个家教聊天群，群里在热烈讨论孩子胆小的问题。很多妈妈提出类似的疑问，比如，孩子过年听到鞭炮声非常害怕；晚上不敢独自去其他没开灯的房间；陌生亲戚来家里玩，孩子很认生；走亲戚时不肯回答陌生长辈的提问；见到小猫小狗就躲开；等等。妈妈们把这些问题统称为"胆小"，然后求救般地发问：该怎么办？

当孩子因莫名其妙的原因而怕这怕那时，爸爸妈妈一定感到很困惑，一方面觉得那些东西没什么好怕的，另一方面也想知道孩子究竟因为什么才会变得如此胆小。

一般来说，容易导致孩子胆小、畏惧的原因有以下几个，应对之策也不同。

（1）孩子天生的气质

孩子胆小和先天气质有关，这一点从孩子很小的时候就可以看出来，最明显的是，这类孩子有较高的分离焦虑，对陌生环境比较敏感，需要较长的时间才能适应，比如，换个地方就难以入眠。

对策：儿童心理学家表示，对待天生气质退缩、敏感的孩子，要多一些接纳和理解，多给孩子一些关爱和鼓励，多带孩子走出去接触各种各样的环境。比如，带孩子走进大自然，逛商场，走亲访友，等等，慢慢提高孩子的适应能力。

（2）父母对孩子过度保护

孩子胆小与家长过度保护有关，因为过度保护会导致孩子产生严重的依赖和被保护心理，从而使他们不能独立面对一些问题。比如，孩子爬沙发，家长惊恐地大喊："别动，快下来，太危险了。"孩子自己下楼梯，家长紧张地喊："等一下，摔下去了怎么办？妈妈抱你下楼。"这些都会无形中阻止孩子探索和尝试，从而使孩子慢慢形成胆小怯懦的心理。

对策：父母要敢于让孩子去探索、尝试，比如，爬沙发、在运动器材上玩耍、独自上下楼梯。起初，父母可以在一旁照看孩子，保护孩子的安全。但在言语上，要多给孩子鼓励，表现出对孩子的信任，而不要总是提醒孩子"危险""会摔跤"。

（3）父母吓唬孩子

有些父母为了让孩子听话，喜欢编造一些谎言来欺骗、吓唬孩子。比如："你再不听话，就让大灰狼把你吃掉！""你要是再吵，就让警察把你抓走！"这些吓唬的语言会误导孩子对世界的认识，导致孩子对未知的世界产生恐惧感，从而导致孩子形成退缩型的人格。

对策：不要为了让孩子听话而吓唬、恐吓孩子。

（4）孩子接触了暴力行为

孩子接触到暴力、血腥的影视剧，或受父母的暴力行为影响，导致内心留下阴影。比如，父母感情不和，经常吵架，甚至大打出手。这种争吵、打斗的场面，会让孩子产生深刻的阴影，让他们严重缺失安全感。

对策：净化孩子的成长环境，不让孩子接触暴力、血腥的影视作品。父母之间要相亲相爱，和谐相处，为孩子营造温暖的家庭环境。

（5）家人的渲染与夸大

孩子之所以怕黑、怕鬼，与周围人的渲染和夸大有关。根据心理学的说法，人类的视觉如果失去作用，就会对环境中不可预知的危险产生恐惧。在黑暗的环境里，孩子如果有父母的陪伴，能够获得拥抱和安慰，有足够的安全感，就不会产生过于恐惧的感觉。

反之，如果大人本身也怕黑，比如，突然断电就一惊一乍，看见闪电、听见打雷就尖叫，当孩子见到父母这种激烈的反应后，往往会觉得停电、黑暗和闪电、打雷是可怕的事情，以后他们遇到类似的情况时，也会产生恐惧感。

对策：面对黑暗的环境要勇敢、冷静，切勿在孩子面前表现出紧张、恐惧感。对于闪电、打雷这些自然现象，父母应给予孩子科学的解释，让孩子认识到这些现象并不可怕。同时，教孩子在闪电、打雷的时候，要设法进入室内，而不要在大树下、电线杆下，以免发生意外。

（6）孩子过去的创伤经验导致

如果孩子身体上曾经受过痛苦，或心理上有过明显的创伤，那么出于自我保护的本能，孩子会不断提醒自己小心，这个东西不能碰，那个东西要躲开，恐惧感就自然产生了。比如，孩子原本喜欢狗，但有一次被狗咬了一口，或被突然狂叫的狗吓到了，从此见到狗就害怕，躲得远远的。

对策：切勿嘲笑孩子，不能见孩子害怕什么，就对孩子说："胆小鬼，狗有什么好怕的？"或者用不当的方式保护孩子，对孩子说："好吧，以后再也别和狗玩了。"这样都会加剧孩子的恐惧感。正确的做法是，询问孩子为什么害怕某种动物或某个东西，了解孩子内心的创伤和阴影是怎么形成的，然后慢慢引导孩子，鼓励孩子如何避免类似的危险。

（7）父母经常责备、贬低孩子

如果孩子经常被大人责备、贬低，那么就会对自己灰心丧气，觉得自己一无是处，遇到新奇的事情、好玩的游戏就会胆小退缩，没有勇气尝试。

对策：正面管教孩子，即使批评孩子，也要先肯定孩子的优点。平时多给孩子欣赏和鼓励，强化孩子的自信心。

除了以上有针对性地克服孩子胆小心理的对策之外，下面一些对策也值得父母借鉴：

①多带孩子参加一些有挑战性的活动，激发孩子的好胜心。

②多陪孩子参加一些社交活动，鼓励孩子融入群体中去。

③当孩子受委屈、受欺负时，及时安抚孩子的坏心情，引导孩子用正确的方式宣泄负面情绪。

④支持并协助孩子去探索，当孩子的探索以失败告终时，也不要表现出失望。要知道，探索的过程也能获得快乐和成就感。

⑤在日常生活中，善于发现孩子的闪光点，并告诉孩子他有什么优点，帮孩子建立起自信心。

⑥家人之间不争吵，给孩子创建一个温馨和睦的家庭气氛。

⑦有意识地培养孩子独立做事的习惯，教孩子如何照顾自己。孩子遇到困难时，先鼓励和引导，后协助。

怎样接纳孩子的挫折与失败

孩子是在挫折中慢慢成长的，然而有些孩子面对挫折时能够越挫越勇，将挫折转化为前进的动力，而有些孩子却在挫折面前退缩不前，停止了前进的脚步。造成这种区别的关键原因是父母是否重视对孩子进行挫折教育。

挫折教育的终极目的是，既不是故意制造困难让孩子吃苦，也不是时刻保护孩子，不让孩子经受挫折，而是当孩子在生活中遇到挫折时，给孩子适当的鼓励和指导，帮孩子体会通过努力克服困难的过程，让孩子明白挫折并不可怕。

暑假的一天，妈妈带捷利到乡下看望爷爷，并在那儿住了几天。在那儿，捷利认识了好几个同龄的伙伴，他们在一起玩得很开心。一天午后，捷利和伙伴们正在发愁玩什么时，妈妈表示愿意为捷利和伙伴们组织一次射箭比赛。

弓箭是妈妈用竹子和绳子制作的，做好之后，比赛开始了。虽然大家都是第一次当弓箭手，但是其中有两个孩子似乎有这方面的天赋，射得非常准。

一贯在运动方面表现出色的捷利，这次表现得很差劲，每次射击都偏离靶心很多。看到别的小伙伴多数都能准确地命中目标，捷利神情沮丧。

妈妈把他叫到一边，关切地问："捷利，你怎么不开心呢？"

"我太笨了，妈妈，我连射箭都射不好。"捷利低着头回答。

妈妈笑着说："每个人都有自己擅长的事情，虽然你没有他们射得好，但是只要多练习几次，一定能射得更准的。去，再试几次吧！"

"算了吧，我觉得自己不适合射箭，还是玩别的吧。"

"试试看吧，妈妈相信你能行。"

在妈妈的鼓励下，捷利又回到了赛场。经过多次练习，捷利终于射中了靶心。

对于孩子来说，不断尝试和探索是获得知识经验的必经之路。既然是尝试和探索，就有可能失败。当孩子在探索、尝试中遇到阻碍时，父母应该鼓励孩子继续尝试，如"别怕，再试几次！"这样简单的一句话，往往可以帮孩子从挫折的泥沼中走出来。

上文案例中的捷利，就是在妈妈的鼓励下，不畏挫折，继续尝试，才从一个射箭门外汉变成了一个小射手的。由此可见，在孩子失败时，父母的鼓励会给孩子无穷的力量。除此之外，在对孩子进行挫折教育时，父母还应注意以下几点：

（1）接纳孩子的挫折和失败

不管孩子在生活中遇到什么样的困难、挫折和失败，比如，学习成绩退步了，上某个兴趣班落后了，纠正某种不良习惯时遇到了困难，同伴关系出了问题，某个目标没有达成等，父母都要让孩子知道，你会接纳他，相信他能够成功。当孩子知道无论自己表现如何，父母都会爱自己，都会站在自己身边，给自己信任、鼓励时，孩子就会获得强大的精神力量，从而重整旗鼓，不断尝试，直到成功。

（2）帮孩子分析受挫的原因

受挫时，孩子往往心情比较低落，父母要及时安抚孩子的心情，把孩子的注意力转移到分析原因上去。在分析受挫原因时，父母要做到对事不对人，切勿带着情绪发牢骚，而要实事求是、客观公正。比如，孩子成绩不理想的原因可能是课堂上没听懂老师讲的知识点，课后没有认真做作业，或考试之前没有认真复习，等等。通过与孩子共同分析，找到症结所在，再鼓励孩子去努力。

（3）鼓励并陪孩子再试几次

遭遇挫折或失败时，孩子可能不愿意再尝试了。父母在安抚孩子的情绪，帮孩子分析受挫的原因之后，应鼓励孩子再试几次，告诉孩子："世界上很多事情，谁都不能保证一次就能成功。成功是建立在不断尝试、不轻言放弃的基础上的。来，再试几次，你肯定能行的。"

陈斌7岁的时候，看到小伙伴们都开始学骑自行车，心里痒痒的，也很想学。妈妈满足了他的愿望，给他买了一辆自行车。学骑自行车最困难的一个环节是跨上自行车，尽管陈斌学得很认真，但还是屡次跨不上去，而且吃了不少苦头，多次连车带人摔倒在地。

每次陈斌摔倒，妈妈都会笑着鼓励他："没事的，学骑自行车有哪个不摔跤的？妈妈当年也摔过很多次。来，妈妈教你，你要继续努力！"在妈妈的鼓励下，陈斌慢慢学会了骑自行车。

当孩子受挫时，父母适时给予鼓励，让孩子看到成功的希望，这是孩子持续努力的精神动力。同时，父母还需根据实际情况，给孩子做示范，手把手地教孩子，陪孩子继续尝试，这样有利于孩子更好地战胜挫折和失败。

如何用分享赶走孩子的孤僻

菲菲妈妈最近很苦恼，她的女儿菲菲3岁多了，上幼儿园已两个多月了，可在幼儿园里，她总喜欢一个人玩。老师多次跟她沟通了这个问题，但菲菲还是没有什么改变。

孩子不喜欢和同龄孩子一起玩，这是很普遍的一个问题。小到刚上幼儿园的孩子，大到上小学的儿童，我们都能见到一些离群孤僻的身影。这到底是为什么呢?

其实原因有很多，比如，孩子天性孤僻；或从小受到家长的过度保护，导致对环境产生陌生感；或因交友受挫，导致不愿意和同伴一起玩，等等。但最根本的一个原因，或许是孩子没有从在和小朋友一起玩中感受到乐趣。因此，引导孩子和小朋友一起玩，积极参与人际交往，关键在于让孩子从中体验到快乐。

高女士说，儿子志杰五六岁以后，非常喜欢和同龄孩子一起玩，有时间就和大家泡在一起，开心地玩各种各样的游戏。看着他们玩得不亦乐乎，笑脸绽放，她也感到很开心。

但是，志杰以前可不是这样的。三四岁时，由于爷爷奶奶很少让他和小朋友玩，志杰在外面很拘谨，小朋友在玩，他从来不参与，最多在旁边看着。那时候他经常说的话是："我不和小朋友玩，他们会抢我的玩具和零食。"

和小朋友玩本该是孩子的天性，但是志杰为什么不喜欢呢？为了解决这个问题，高女士先分析了原因，她觉得是因为志杰没有体验到和小朋友一起玩的乐趣，也不知道如何和小朋友交往，如何和大家一起玩。于是，她跟儿子讲道理，告诉他和小朋友玩多么有意思，还教他怎样去交朋友。但是即使高女士说得如何天花乱坠，儿子也不为所动。

后来，高女士开始借助游戏，吸引他体验和小朋友玩的乐趣，并学会如何去玩。当他看见儿子站在一旁看小朋友玩时，她就陪儿子一起参与到孩子们的游戏中。记得当时很流行玩"老鹰捉小鸡"的游戏，高女士就扮演"母鸡"，让儿子拉着自己的衣服，躲在自己身后，然后小朋友们牵着他的衣襟排成一队。玩了几次之后，儿子体验到了群体游戏的乐趣，和小朋友们也熟悉了，于是，开始积极和大家一起玩了。

在之后的一段时间里，高女士从全程陪同儿子参与游戏，到逐渐减少参与，到最后完全放手，直到孩子能够独立和小朋友一起玩。

与此同时，高女士还鼓励儿子把小朋友邀请到家里来玩，主动和大家分享玩具和零食。当然，她也会带儿子去邻居、亲戚、朋友家串门。在这个过程中，高女士教儿子与小朋友分享、互帮互助，使孩子学会了人际交往的必备技能。

孩子的成长过程，就是一部与小朋友一起玩、一起闹的喜剧片。在游戏中，孩子可以学会如何与别人相处，如何解决矛盾，如何处理突发事件，如何合作。同时，孩子也能受到小朋友的影响，模仿对方身上的优点，辨别对方的缺点。

这不仅是锻炼孩子交际能力的重要途径，还是促进孩子个性发展的好机会。因此，父母要重视孩子孤僻的问题，正确引导孩子和小朋友一起玩。

（1）给孩子做热爱交际、乐于分享的榜样

父母是孩子的第一任老师，是孩子学习和模仿的最重要对象。当孩子不爱交际，不喜欢和小朋友一起玩时，父母不妨先反思一下：是否自己给孩子造成了不良影响？在行为上，是否回避与人交际，喜欢独居独处？在语言上，是否经常提醒孩子"不要和小朋友玩""他是个不懂事的孩子，你少跟他玩"？这些言行都不利于培养孩子养成乐于交往的习惯。

另外，父母是否乐于分享，也会影响孩子的分享观念。比如，家里有好吃的，会不会送点给邻居尝一尝？亲戚来借东西，大人是否愿意借？等等。还有就是，在日常生活中，有些父母经常对孩子说："别把玩具带出去，小朋友会抢走的！""把零食藏起来，不然小朋友也要吃！"这些提醒无形中也会造成孩子不爱分享。

乐于交往、乐善好施的父母，才能帮助孩子养成热爱交际、富有爱心、乐于分享的习惯。父母是孩子最好的榜样，让孩子看到父母真诚待人、帮助别人、与人分享，孩子会深受影响，也会慢慢爱上交际、分享，并最终成为孩子的一种良好品格。

（2）教孩子用正确的方式与小朋友交往

和小朋友玩的过程，也是孩子与人交往的过程。在这个过程中，如果孩子不懂得用正确的方式与人交往，那么很可能"好心办坏事"，惹怒别人，导致被孤立和排斥。

峰峰已经6岁了，上幼儿园大班，是个性格活泼的孩子，可是，却先后5次被不同的幼儿园劝退，到底因为什么呢？

原来，峰峰在和小朋友玩的过程中，喜欢打、拉、拍、搂抱其他小朋友，而且没轻没重。他原本没有恶意，但在别人看来，却是一种身体侵犯，引得小朋友纷纷不满，甚至被一些家长和幼儿园老师认为那是暴力攻击。所以，大家都不愿意跟他玩。

峰峰的父母忙于事业，平时忽视了对峰峰的教育和引导，见峰峰被老师劝退，就给他换一个幼儿园。到最后，峰峰厌倦了和小朋友一起玩，讨厌上幼儿园……

在这个例子中，峰峰之所以不喜欢和小朋友们玩，是因为他不懂得用正确的方式与小朋友交往，导致人际交往受挫。他的父母又忽视了分析原因，忽视了对他的教育和引导，所以才会造成他回避人际交往。

作为父母，应该以这个例子为戒，有意识地教孩子如何与小朋友交往，比如，要态度友好，要有同情心，要热心帮助小朋友，要懂得分享，等等。当孩子用正确的方式与人交往时，他才能带给别人快乐，才能从交往中获得快乐。

别让担心和焦虑压垮孩子的肩膀

　　盖伊·温奇是美国纽约大学临床心理学博士，他曾经分享过一个踢球门实验。被试者站在10码（约9.1米）线外把球踢向球门，每人踢10次。在起脚前，每个被试者眼中的球门宽度和高度都差不多，但是比赛结束后，那些仅踢中2次或更少的被试者觉得球门变小了，而那些踢中次数比较多的被试者认为球门变大了。

　　这个实验告诉我们：失败会影响人们对目标的认识，让人觉得成功是件很难的事情，从而加剧人的焦虑感，影响人的自信心，阻碍人们进一步尝试。

　　有些孩子在做一件事之前，会担心和焦虑，害怕失败，往往有两个方面的原因：

　　一方面，孩子可能经历过一些挫折和失败。比如，孩子曾经端水杯时，不小心打碎了水杯。当再次端水杯时，他可能战战兢兢，小心翼翼，甚至会紧张、焦虑。又比如，孩子爬梯子时不小心摔下来了，你再让他爬梯子，他可能会紧张、焦虑，不敢尝试。

另一方面，家长出于担心孩子失败、害怕孩子受伤害的心理，对孩子尝试的行为有过不恰当的反应。比如，孩子见妈妈下班回来，主动给妈妈倒了一杯水，准备端给妈妈。妈妈见状，紧张地说："别动，你会摔碎杯子的，我自己来！"又比如，孩子想自己削苹果，妈妈担心孩子会不小心伤到手，阻止道："我帮你，你会削到手的，太危险了。"

父母经常这样提醒孩子，阻止孩子去尝试，久而久之，孩子受到负面的暗示太多，就会慢慢害怕尝试。当有一天你让他做某件事时，他可能就会担心做不好，流露出紧张和焦虑的神情。

在某小区，几个小朋友在玩跳绳，大家都争先恐后尝试。有个小女孩的表现却比较奇怪，她一脸跃跃欲试的样子，但却只站在旁边看。

小女孩的妈妈鼓励道："去跳跳看，很好玩的。"

小女孩摇了摇头："我怕跳不好，等下大家会说我的。"

"跳不好没关系，可以慢慢学嘛，大家一开始都跳不好，跳得多了就熟练了。"

妈妈的鼓励不但没有激起女孩的勇气，反而让女孩更加笃定道："我不跳，我就是跳不好！"

妈妈很无奈，批评道："你还没试怎么知道跳不好呢？真没用！连试一试的勇气都没有！"

女孩听了妈妈的话，委屈的泪水在眼眶里打转。

孩子因担心和焦虑，害怕做不好、害怕失败而不敢尝试，这是一种典型的自卑心理的表现。自卑心理既是孩子进步和成功的绊脚石，又是孩子探索和尝试的拦路虎，不但直接影响孩子的表现，而且影响孩子能力的发展。

就像我们平时端着满满的一杯水走路，越害怕泼洒，往往越容易把水洒出来。同样，孩子本来有能力做好一件事，但由于担心和焦虑压在心头，让自己没办法轻松发挥，结果事情真的没做好。孩子可能会这样想："我担心得没错吧，我就是做不好。"这会进一步强化孩子的自卑感。

面对自卑的孩子，父母该如何帮助孩子变得自信起来呢？

（1）从生活的点滴中帮孩子树立自信心

自信心的培养不是一蹴而就的，需要从生活点滴做起。首先，在日常生活中，父母要善于发现孩子的闪光点，多肯定和表扬孩子。对孩子要多一点信心，要相信孩子能把事情做好。比如，孩子自己穿衣服、整理书包、打扫卫生、倒垃圾、擦桌子等行为，都值得父母肯定和表扬。这既是对孩子独立做事能力的认可，也是对孩子独立精神的认可。

其次，当孩子没有把事情做好时，父母切忌不留情面地批评孩子，对孩子表现出失望的神情，而要接纳、包容孩子的失败，鼓励孩子再次尝试。比如，孩子擦桌子没擦干净、收拾书包丢三落四，父母可以先肯定孩子的表现，再提醒孩子注意不足。

（2）陪孩子去尝试他不敢尝试的事情

父母的陪伴和鼓励是坚定孩子信心、激发孩子勇气的有效策略。当孩子因担心和焦虑没有勇气尝试时，父母可以陪孩子一起去尝试、去体验。比如，孩子想学自行车，但害怕摔跤，父母可以全程陪护孩子，帮孩子扶着自行车尾；还可以示范给孩子看，鼓励孩子去尝试。

当然，即使父母全方位的陪同和保护，也不能保证孩子不摔跤，更不能保证孩子一次就学会骑自行车。当孩子摔跤了、失败了，父母的安慰、鼓励是重振孩子自信心的良药。

让妒忌心悄悄地来悄悄地走

妒忌是一种自然的情感，每个人都有不同程度的妒忌之心，但这并不意味着父母对孩子的妒忌可以听之任之、放任不管，因为妒忌心是一种不健康的心理状态，放任下去，会影响孩子的健康成长。

首先，妒忌心不利于孩子进步，对人对己都是不利的。当同学比自己成绩优秀，在校的表现比自己出色时，孩子应该向他们学习和请教才对。可因为妒忌心，孩子非但不向他们学习，反而视其为眼中钉、肉中刺，百般挑剔，极力贬低，使得孩子失去了优秀的同伴，失去了进步的机会。

其次，妒忌心会破坏孩子的人际关系，影响孩子之间的团结，削弱孩子的集体主义精神。当孩子妒忌别人时，他可能背地里说人坏话，向老师打小报告，甚至恶语相向、挑拨离间，这会严重恶化孩子的人际关系。

最后，妒忌心会让人内心痛苦。事实上，妒忌者比任何不幸的人更为痛苦。当他发现别人在某方面比自己突出时，他的心理上就会产生一种痛苦的体验。

这种消极的情绪反应持续下去，对孩子的身心健康十分不利，可能引起多种心理问题和疾病。

甘璐是一名小学生。有一次，甘璐和一个男同学竞选大队长时胜出。半个月后，在竞选县少年代表委员会委员时，她落选了。一些师生感到不解，认为甘璐不应该落选，于是召开会议进行热烈讨论。会议上，学生们各抒己见。

一个男孩说："甘璐当了大队长后就骄傲了。有一次，一个同学在放学的路上玩纸镖，这件事本来是路队长管的，可是她偏要去管，她就是为了出风头。"

另一个孩子马上说："不是你说的那样，当时路队长不在，甘璐是怕同学发生危险，才去管的，怎么能说她出风头呢？"

接着又有一个同学说："有一次我在走廊上，甘璐把我撞了一下，也没说对不起。"

另外一个同学马上说："不是你说的那样，当时很多人都在走廊上，甘璐拿着拖把经过，走得急了，不小心碰了你一下，而且她明明说了'对不起'，你怎么瞎说呢？"

老师听了学生的发言，知道这些事情都不是甘璐的错。老师找到那两位说甘璐不好的学生，问他们为什么发言不尊重事实，他们表示自己妒忌她。

一个孩子说："甘璐当了大队长以后，我就妒忌她。她总是比我出色一点，我是小队长时，她是中队长；我是中队长时，她是大队长。每当上课老师叫她回答问题时，我心里都希望她答错，挨老师的批评。"

那个竞选大队长落选了的男孩说："我就是不服气，凭什么好事都是甘璐的？"

老师还从其他学生那里了解到，甘璐落选县少年代表委员会委员，是那个竞选大队长落选的男孩背后使坏，散布甘璐的谣言。

终于，这件事的是是非非水落石出了。

妒忌心是人与人相处、人与人竞争中一种阴暗的心理。它带来的后果往往是人际关系对立、恶性竞争、语言攻击甚至人身攻击。因此，父母一定要重视教育引导，赶走孩子的妒忌之心。

（1）帮助孩子找到自身的优势

当孩子看到别人取得好成绩、买了漂亮的衣服时，想着"如果我也能取得那么好的成绩该多好啊""如果我也有漂亮的衣服该多好啊"，这就是羡慕。如果孩子心里想的是："为什么他能取得好成绩，我却不能？我一定要阻止他取得好成绩。""为什么她有那么漂亮的衣服，我却没有？我要给她的衣服上涂点脏东西，让她变得难看。"那么这就是妒忌。

妒忌和羡慕仅仅一线之隔，往前一步是妒忌，退后一步是羡慕。父母要帮孩子认识到妒忌与羡慕的区别，帮孩子找到自身的优势，比如，有的孩子能歌善舞，而有些孩子聪明好学；有的孩子学习不行，但是体育运动方面有天赋。又比如，有的孩子个头高，但相貌平平；有些孩子个头矮，但相貌出众……通过挖掘孩子的独特优势，才能让孩子更全面地认识自己，也能更全面地认识别人，从而树立正确的自我价值观。

（2）引导孩子把妒忌心变为进取心

妒忌是一把双刃剑，利用得当，可以成为激励孩子进取的动力，因为有妒忌心的孩子也有强烈的自尊心和好胜心。当孩子看到别的孩子比自己出色而不服气时，父母千万别冷嘲热讽："你真没用！""有本事就超过他，没本事就别不服气！"说这些话本意是想激励孩子更加努力，可这种措辞却会伤害孩子的自尊心，让孩子觉得父母看不起自己。

父母应该先肯定孩子的想法："你不服气，说明你不想落后于人。爸爸妈妈赞赏你这种精神。不过，要想比别人更优秀，那你就得努力超越。爸爸妈妈相信，只要你去努力，就能超越别人。"这样可以将孩子的负面心理转为积极的动力。

孩子厌学怎么办

上三年级的振宇反应机敏，活泼好动，但学习成绩处在班级下游。老师对振宇的评价是：上课不爱举手发言，不遵守课堂纪律，经常开小差，作业不认真完成，学习主动性差……

父母发现，只要提到学习，提到作业，提到看书，振宇的脸上就露出烦躁的神情。每次做作业或看书时，他就哈欠连天。做作业时，磨磨蹭蹭，削铅笔或拿块橡皮，都能磨蹭好一阵子。

振宇偶尔作业做得快，妈妈让他预习一下第二天的功课，他就不耐烦地说："我好不容易做完作业，你就让我预习，我好累啊……"有时候振宇做作业不认真，妈妈逼急了，他就冒出一句："学习真没意思，真累！"

到后来，妈妈发现振宇有逃课、逃学现象。妈妈言辞追问，振宇才不情愿地说："我去游戏厅玩了！我不想上学……"

这是一个典型的厌学案例。厌学，顾名思义就是讨厌学习，把学习看成一种负担，对校园生活失去兴趣，产生厌倦情绪。厌学不是特定孩子才有的，而是所有孩子在某种程度上共同潜在的问题。

很多家长认为，孩子的物质生活越来越好，不愁吃穿，有丰富多彩的娱乐活动，还有什么理由不珍惜上学的机会？想当年自己想上学，家里都没有条件。对于孩子厌学，很多家长十分不解，一味地批评孩子不懂事，身在福中不知福。

然而，世界上没有无缘无故的喜欢，也没有无缘无故的讨厌。这句话不仅诠释了爱情、亲情、友情及任何一种人际关系，也同样诠释了孩子厌学是有原因的。

孩子厌学的原因可以归结为两方面，一方面是主观原因，另一方面是客观原因。

（1）主观原因

①孩子比较懒惰，怕苦怕累，觉得学习是件受苦受累且乏味的事情。

②孩子学习方法不当，知识掌握不扎实，成绩跟不上。比如，上课时对老师所讲的知识一知半解，课后做作业时感到很吃力。长期如此，孩子就会对学习失去兴趣，在学习中找不到乐趣。

③孩子在学习上付出了较大的努力，但成绩还是不理想。久而久之，孩子对自己失去了信心，认为自己不是读书的料，甚至产生厌学情绪。

（2）客观原因

①外界诱惑，主要是受校外娱乐场所的影响，比如，游戏厅、网吧等。

②父母错误的教育。父母过分看重孩子的考试分数和排名，一味地要求孩子考更高的分数，严重打击孩子的学习积极性，导致孩子对学习失去热情。

③学业繁重。孩子每天除了做完老师布置的作业，还有父母额外布置的

作业以及上各种辅导班、兴趣班，孩子沉浸在无休止的学习中，没有时间放松身心，很容易产生逆反情绪，从而对学习产生厌倦感。

针对孩子的厌学情绪，父母可以参考以下几个方法：

（1）平静地和孩子沟通，找出孩子厌学的原因

很多父母见孩子厌学，不管三七二十一，上来就劈头盖脸地训斥孩子，批评孩子不懂事，说孩子不争气，甚至说孩子对不起父母。

一顿宣泄之后，父母的心情好受些了，可孩子的心情却更加难受。一方面，孩子对学习有心无力，他心里也不好受；另一方面，父母还让孩子背上"不懂事""不争气"的负面名声，这会进一步刺激孩子。孩子觉得父母不理解自己，很容易对父母的管教产生逆反情绪，从而加剧厌学的心理。

父母正确的做法是，不要急于批评孩子，而要平静地和孩子沟通，找出孩子厌学的原因。

关于厌学的原因，除了以上讲到的几个比较典型的之外，还可能有其他原因。父母除了要和孩子沟通，了解孩子的想法外，还应和老师沟通，从老师那里获得孩子在校的情况。找出了原因后，再"对症下药"，消除孩子的厌学情绪。

（2）教孩子聪明地学习，用正确的方法学习

学习是一种讲究方法的艺术。同样是花一个小时去学习，用不同的方法学，所获得的效果是不同的。这就是为什么有些孩子上课也很认真地听讲，课后也认真完成作业，可考试成绩却不理想。而有些孩子贪玩，在学习上花的时间也不多，但成绩却不差。

对于学习方法不当的孩子，父母要侧重于教他们聪明地学习，即用对的方法去学习。最基本、最有效的一套学习方法是，课前认真预习，把疑问做

好标记；课堂上认真听讲，针对不解的问题及时发问，力求搞懂；课后认真完成作业，再进行复习，巩固课堂所学；然后，再对第二天要学的知识进行预习。通过"预习＋听讲＋作业＋复习"这套模式，可以有效地提升孩子对知识的理解和掌握。

（3）多鼓励少批评，有意识地为孩子"减负"

对于孩子的学习，父母要有正确的认知——分数固然是评判孩子学习成绩的一个指标，但不是全部。有时候孩子掌握了知识，但考试发挥失常，导致成绩不佳。因此，不要因孩子的成绩不理想而批评孩子，以免打击孩子的学习积极性，给孩子造成心理压力。正确的做法是，多鼓励孩子，给孩子信心，给孩子信任。

对于学业繁重的问题，父母应该有意识地为孩子"减负"。在孩子有精力、有兴趣的情况下，可以和孩子商量，为孩子报辅导班、兴趣班。否则，要尊重孩子的意愿，尽量不要增加孩子的学习负担，而要给孩子休息和游戏的时间，让孩子轻松学习、轻松游戏，这样孩子更愿意学习。

正确对待孩子的"怪行为"

孩子总有一些奇奇怪怪的行为，让父母疑惑不已、担心不已，于是见一次阻止一次。其实，有些行为是孩子心理发展过程中的正常表现，父母如果过度干涉，反而不利于孩子心理健康发展，因此，要懂得区分，正确对待。

为什么孩子喜欢重复

蓝枫最喜欢妈妈给她讲睡前故事，可蓝枫妈妈却为此烦恼不已："同一个故事，女儿能反复让我讲十遍，其中一些细节，女儿都会背了，可她仍然坚持让我一遍又一遍地讲，而且每一遍都听得津津有味。"

其实，蓝枫的情况很多家长也遇到过，应该说这是一个普遍问题。孩子不仅喜欢反复听一个故事，还喜欢反复看一集动画片。有些家长感到很不理解，甚至会厌烦，有时也会问孩子："宝贝，你为什么总爱听这一个故事？听一听别的故事不好吗？"得到的回答往往是："我就喜欢听这个故事，我就要听！"

在父母眼里，看似无聊又没意义的重复行为，对孩子来说却是不断深化学习的过程，是心智成长的过程。比如，孩子喜欢重复听一个故事，每听一遍都会有不一样的收获——

当妈妈给他讲第一遍时，他对这个故事产生了好感；

当妈妈给他将第二遍时，他开始听故事的情节；

当妈妈给他讲第三遍时，他开始听故事的细节；

当妈妈给他讲第四遍时，他开始听故事的词语；

当妈妈给他讲第五遍时，他开始体会人物角色的心理；

当妈妈给他讲第六遍、第七遍时……

总之，孩子每听一遍故事，都会有新的收获。比如，听一首儿歌，听一遍可能只记住两句词，听得多了才会跟着唱。等孩子对一个故事、一首儿歌充分熟悉了，他才会开始去联想、创造。意大利幼儿教育家蒙台梭利更是说："重复是孩子的智力体操。"

首先，重复行为有利于提升孩子的专注力。

不知你是否发现，当孩子重复听一个故事，或重复做一件事时，他的注意力特别集中，他甚至可以不受周围事物的干扰，全身心地投入到重复行为中去。在这个过程中，专注力就慢慢得到了提升。

其次，重复行为有利于提升孩子的意志力。

对孩子来说，重复行为是一种自然而然的训练活动。心理学家把这种活动称为幼儿特有的"常同行为"，蒙台梭利将其称为"重复练习现象"。同时，她还通过实践研究得出了儿童重复做事的必然性——为了意志力的形成。

再次，重复代表熟悉，能让孩子获得安全感。

重复代表熟悉，熟悉代表掌控，掌控能让孩子获得满足感和安全感。尤其是在陌生的场所，比如在酒店，孩子反复听同一个故事时，更有安全感。在不断重复的过程中，孩子感觉到勇气和力量，内心获得满足，进而获取安全感，建立自信心。

最后，重复行为还能锻炼孩子的生活技能。

除了重复听一个故事，孩子还会重复穿脱袜子、戴脱手套、开门关门、推拉抽屉……重复的次数多了，孩子就慢慢掌握了要领，他知道怎么穿袜子最有效率，怎么关门最省力。这就是重复行为带给孩子生活技能方面的锻炼。

明白了重复行为对孩子这么多好处，相信你应该知道怎么做了。

（1）读懂孩子的重复行为，不要粗暴斥责或横加干涉

重复行为不仅是孩子学习的方式，还是孩子表达诉求的一种手段。有时候孩子会利用重复行为吸引大人的注意，希望大人关注，试探大人是否无条件地接纳他。比如，孩子要求父母给他讲故事，如果父母积极配合，认真对待，孩子会很满足；如果父母拒绝，孩子会很生气，可能会发脾气。

所以，父母要给予孩子足够的理解和尊重，并在行动上积极配合。千万不要反感孩子的重复行为，更不要粗暴斥责或横加干涉，这对孩子的心智发展是没有任何好处的。

（2）讲同一个故事时，可以变着花样，来点新鲜的料

当孩子要求你给他讲一个听了很多遍的故事时，如果你觉得无聊，不愿意讲，那你不妨换一种心态——变着花样，问几个有趣的问题，加一点新鲜的料。

由于孩子对故事比较熟悉了，你在讲的过程中，可以讲一两句，就停下来让孩子续接故事。这样既可以锻炼孩子的表达能力，又能强化孩子的记忆力。你还可以针对故事给孩子提问，引导孩子去思考。你更可以在原有故事的情节上，加以适当的拓展，让故事情节变得更加丰富多彩。

（3）给孩子准备逻辑严谨、情节有趣、富含道理的故事

由于孩子在重复听故事的过程中，可以吸收故事情节的逻辑、情景的描写和准确的概念等，因此，父母在给孩子选择故事时，最好先看一看书，读一读故事，确保故事逻辑严谨、情节有趣、富含道理，这样才能让孩子从故事中汲取丰富的营养。

孩子这么凶，真的是霸道吗

很多父母反映，自家的孩子特别小气，不喜欢分享东西。如果别人想拿走他的东西，他会紧抓着不放。如果真的被拿走了，他会非常生气，大哭大闹。

蒋女士讲了一个关于孩子不肯分享的故事：

"有一次，我和几个朋友一起去公园玩，大家都带着孩子。在公园的草坪上，我们铺上垫子，大人坐在上面聊天，孩子们在一起玩游戏、玩玩具。辉辉只顾吃别人的食物、玩别人的玩具，却紧紧抓着自己的玩具不肯拿出来分享，抓着自己的食物不肯给小朋友们吃。

"就拿吃薯片来说，辉辉吃别人薯片时，一抓就是一大把。等轮到他分享零食时，他却只肯分给每个小朋友一片。如果小朋友主动拿他的薯片，他就会大叫着把多拿的薯片抢回来。如果小朋友不肯还回来，他就威胁说：'你以后再也别想吃我的零食。'

"玩玩具也是一样。他玩别人的玩具时很高兴，但是别人玩他的玩具，他就坚决不同意。

"这样的情况不只是一次两次了，几乎成了辉辉的习惯性行为。每次遇到这种情况，我都会觉得尴尬、生气。因此，我会教育他要分享，他也会做出适当的改变。可是没过多久，他又变得小气了。"

孩子不懂分享，喜欢独霸玩具和零食的行为，有时候确实会让父母感到尴尬。不少父母认为这是孩子小气的表现，自然地就给孩子贴上了"小气鬼"的负面标签。贴标签容易，撕标签难。孩子一旦被大家称呼为"小气鬼"，可能会助长他不肯分享的毛病，真的让他变成小气鬼。

实际上，孩子不懂分享是成长过程中的正常表现。通常来说，这是孩子自我意识强的一种体现，是自我中心主义发展的结果。著名的认识发展理论者和心理学家皮亚杰，在其著作《儿童的语言和思维》中提到了"自我中心"的概念。

皮亚杰认为，自我中心指的是孩子不能区分自己的活动和对象的变化，把一切都看作与他自己有关，是他的一部分。这里的"自我中心"，没有任何贬义，与我们常说的自私、自大等意思不能等同。

另外，大多数家庭都以孩子为主，对孩子百依百顺，孩子在家里要什么都能得到满足，而且不需要和家人分享。家人也没有引导孩子分享的意识，导致孩子无形中习惯了独占。因此，孩子到了外面，你让他和小朋友分享，他会很不习惯。

鉴于以上原因，父母在引导孩子分享时，可以从以下几点出发：

（1）尊重孩子的不分享，切勿强迫孩子分享

对于孩子不爱分享的行为表现，父母首先要去理解孩子，尊重孩子的物权概念。毕竟东西属于孩子，孩子是否愿意分享，那是他个人的意愿。如果你强迫孩子分享，孩子可能养成"假意分享"的习惯，即内心不愿意，但为

了讨好别人，照顾别人的感受，而逼迫自己去分享。这样会让孩子失去安全感，变得不快乐。

（2）通过引导沟通，逐渐培养分享的观念

父母应该通过沟通和引导，逐渐培养孩子分享的观念，让孩子自觉自愿地分享。首先，在日常生活中，父母要不断向孩子强化分享的概念。比如，孩子想吃妈妈手里的东西，妈妈在给孩子之前，不妨告诉孩子："你希望妈妈跟你分享好吃的，对不对？"其次，给孩子做好分享的榜样。家人之间有好吃的、好玩的，都要相互分享。妈妈可以对孩子说："儿子，我想吃饼干，你愿意和我分享吗？"如果孩子同意，妈妈要及时表扬孩子。当孩子愿意和家人分享之后，再引导孩子在与人交往中与小朋友分享。

（3）向孩子灌输"轮流""借用"等观念

分享不只是分享自己的东西，比如自己的玩具和零食，还包括在公共场合和别人共享娱乐设施，比如玩滑梯、玩跷跷板、荡秋千等。

如果孩子不愿意分享，他可能霸占着不让开，哪怕自己不玩，也不让别人玩；或者自己玩了一会儿，跑去玩别的了，等他发现自己玩过的东西被别的小朋友占了，他可能会粗暴地把小朋友赶走。

为了避免孩子出现这种情况，父母可以向孩子灌输"轮流""借用"等观念。比如，带孩子在公共娱乐设施上玩时，告诉孩子："这是公共的设施，大家都可以轮流玩。当你玩的时候，如果别人也想玩，你可以和别人一起玩；当你不想玩的时候，别人来玩时，你不能拦着别人；如果你看到别人玩，你也想玩，那你要和对方友好商量，暂时借过来玩一玩。"

如果孩子的脑海里有了"轮流""借用"等观念，那么他就不会在群体交往中表现得霸道无礼，他会更容易和群，他的人际关系会更和谐。

他并没有恶意，只是想和别人亲近

路路平时和小朋友一起玩的时候，喜欢有事没事打别人一下。比如，谁抢了他的玩具，或他想玩的东西别人碰了，他就会打别人一下。他打得并不重，有时候只是轻轻摸一下，有时候会轻轻推一下。

对于路路的打人行为，奶奶说："路路还小，不懂事，等他长大点就不会打人了。"路路的妈妈则认为路路有暴力倾向，要给他一点颜色看看，让他长点记性，知道打人是不对的。而路路的爸爸表示，这是正常现象，他只是在通过打人来表达自己。

心理学研究表明，孩子打人与传统意义上的打人有本质的区别。没有任何数据显示，小时候爱打人的孩子，将来就有暴力倾向。当发现孩子有打人行为时，父母首先要了解孩子打人背后的原因。

首先，孩子打人是自主意识的一次飞跃的过程。一般来说，2岁左右是孩子第一次自我意识的萌芽，他开始有了"我"的意识，凡事喜欢以"我"当头。只要是不符合"我"的感觉的事情，他都会排斥。例如，孩子不想吃苹果，妈妈要求他吃苹果，他可能会推开妈妈的手，甚至会打妈妈。

其次，打人是两三岁孩子沟通和表达情感的重要方式。2～3岁是孩子语言发育的敏感期，这时孩子有自己的想法但不能清楚地表达，父母听不明白孩子的意思，孩子情绪一上来，可能就会打人。另外，当小朋友抢了孩子的玩具时，他由于不能清楚表达自己的想法，也会打人。还有一种情况就是，有些父母太忙，缺少了对孩子的关注，他为了得到足够的重视，可能会用打人的方式来引起父母的关注。

最后，孩子打人可能是模仿大人行为的结果。孩子的模仿能力特别强，可能会从成人的行为、电视上、游戏中模仿。比如，孩子看到电视上打架的镜头，可能会模仿。

当孩子打人时，父母不能用恐吓甚至打孩子的方式教育孩子，比如，一边打一边对孩子说："你再打人我就打你，让你尝尝被打的滋味。"正确的做法是：

（1）及时制止孩子打人的行为

当父母发现孩子打人时，首先应该及时制止，并明确告诉孩子："打人是不对的。"父母最好不要产生过激的反应，或是打骂孩子。有些父母见孩子打人，马上大呼小叫，或一惊一乍，这样反而会吓着孩子，让孩子不明所以。

（2）找出并消除孩子的模仿源

孩子打人的行为有可能是通过模仿学来的，因此，父母有必要反思自身的原因，寻找生活中孩子可能的模仿源。比如，暴力动画片、电视剧等，经常一起玩的孩子有打人行为，等等。找到模仿源后，父母应设法隔离这些模仿源，或让孩子远离模仿源。

（3）教孩子正确地释放不良情绪

孩子有了不良情绪后，往往不懂得怎么释放出来，他们常见的释放情绪的手段是大哭大闹，或打人、摔东西。这显然不是释放不良情绪的正确方式。父母要做的是教孩子正确地释放不良情绪。比如，孩子的玩具被抢了，父母可以教孩子通过和平的方式要回来，比如，让孩子对抢他玩具的孩子说："这是我的玩具，我现在不想给你玩，请你还给我。"

（4）让孩子释放过剩的精力

孩子打人可能与其精力过剩有关，因此，父母可以制造一些机会让孩子释放过剩的精力，比如，鼓励孩子玩攀爬、跑跳等游戏，既可以锻炼孩子的身体，还可以释放孩子不良的情绪。

在美剧《绝望主妇》中，全职妈妈丽奈特每天都要照顾三个精力旺盛的儿子。这让她非常抓狂，后来她想了一个妙招：让三个儿子在门外的草坪上用铁锹挖土。这样他们就没有那么多精力去胡闹了。家长可以借鉴一下丽奈特的做法来减少孩子的打人行为。

（5）多用故事和游戏引导孩子

生活中，很多父母会给孩子讲道理，告诉孩子为什么不能打人。这固然是教育孩子的一种方法，但对年幼的孩子来说，讲道理应适可而止。道理讲得多，孩子可能会逆反，听不进去，正确的做法是多用故事和游戏来引导孩子。

父母可以给孩子讲一些有关小朋友之间要友好相处、相互分享等主题的故事，可以有效地教育孩子如何与人相处。

孩子还喜欢游戏，父母通过角色扮演游戏，可以让孩子体会到他人的感受，明白被打的体验，从而使孩子减少打人行为。

爱说脏话的孩子真的很坏吗

"你是一坨屎！"

"打得你屁滚尿流！"

"你是个大笨蛋！"

"臭东西！"

"讨厌鬼！"

……

当孩子嘴里蹦出一些粗俗、肮脏的字眼时，很多父母会不由地感到紧张和担忧，以为孩子学坏了，于是赶紧阻止。可是越阻止，孩子说得越上瘾，而且越是看到别人被这些话气得跳脚，孩子就越开心。

凯跃是个活泼可爱的男孩，以前很懂事，可最近却变了。他在跟别人说话时，会时不时冒出几句脏话，比如："你是蠢猪啊！""你懂个屁！"

有一次，妈妈带他去亲戚家做客，他带了一个遥控汽车去玩。亲戚家的小朋友见了后，就跟他说："凯跃，你的遥控汽车怎么玩，教我好不好？"凯跃很大方地答应了，然后教小朋友一起玩。

教了几遍之后，亲戚家的小朋友还是不懂，结果凯跃不耐烦了，抢过遥控器，说了句："你怎么笨得像猪一样，赶紧滚开吧！"

听了这话之后，一旁的大人们都觉得很尴尬。小朋友的表情也瞬间定住了，然后默不作声地走到了一边。

妈妈见状，严厉地教训凯跃。凯跃可怜兮兮地承认错误，并保证以后不再说此类的话。

可没过几分钟，凯跃在玩遥控汽车的时候，又不由自主地冒出了几句脏话。妈妈越想越着急，不明白他到底是从哪里学来的。

对于孩子说脏话、爱骂人的行为，其实父母没必要大惊小怪，这只不过是孩子到了诅咒敏感期。在这个时期，孩子使用脏话是很正常的，家长切勿以为孩子变坏了。在这种现象的背后，有两个原因：

首先，孩子正在体验语言的力量。

当孩子第一次使用脏话时，周围人对他的反应往往会让他感到非常惊奇、惊喜。虽然他并不理解这些脏话的具体含义，但是他知道这种语言是有力量的，使用这种语言可以获得关注。

其次，孩子尚且不能很好地理解他人的感受。

孩子还不知道脏话代表着什么，不能理解别人在听到脏话后的感受，不知道说这些话会对他人造成怎样的伤害，所以他不会刻意地控制自己不去说脏话。这就是为什么你刚才批评他了，他过一会儿又说脏话了的原因。

很多家长不明白，孩子嘴里的这些脏话是从哪里学来的呢？其实这很好理解，因为孩子有很强的模仿能力，而又缺乏判断是非的能力，看到什么就会模仿什么。如果父母、同伴或影视节目中有脏话，孩子就可能模仿。等孩子熟悉了这些脏话后，他们在与人发生冲突或愿望得不到满足时，可能会用说脏话的方式来发泄心中的不良情绪，以缓解自己的压力。

对于孩子诅咒敏感期的行为，父母可以参考以下教育策略：

（1）别太敏感，避免强化孩子的不良行为

在孩子刚学会说脏话时，如果父母觉得很好玩，哈哈大笑；或表现得过度紧张，马上制止孩子；或表现出很气愤的样子，甚至扬手要打孩子，孩子都可能会觉得脏话是一种很特别的语言。由于他不懂得脏话的意思，他可能会重复练习和模仿。

如果父母表现得很平静，和听到平常的话没什么区别，那么孩子也不会过于注意或模仿这些脏话。所以，父母听到孩子说脏话时，应该采取冷处理，先不予理睬，或干脆忽视，再引导孩子明辨是非，让孩子把"不骂人"列入"好行为"清单之中。当孩子做到时，给他肯定和表扬，使他坚持下去。

（2）净化家庭的语言环境，不给孩子模仿错误的机会

家庭是孩子成长的第一环境，如果孩子在文明的话语环境中成长，那么就没有模仿说脏话的机会。反之，如果孩子一直生活在一个脏话连篇的环境中，那你想象一下，他会不会说脏话呢？

所以，父母要提高自身的修养，努力净化家庭的语言环境。比如，家人之间不要说脏话、粗话，不要骂人。当父母发现孩子说脏话时，要找出根源，尽量让孩子远离或少接触不良的环境。

（3）教孩子学会表达情绪，正确地发泄内心的不满

有时候，孩子的脏话其实是在发泄内心的不满情绪。比如，孩子要求吃冰激凌，妈妈不同意，孩子随口就说"妈妈真是个大坏蛋"。妈妈不必过于纠结字面的意义，只要告诉孩子："妈妈知道你不高兴了，但是妈妈不让你吃冰

激凌，是因为冰激凌太凉，会吃坏肚子。"

　　同时，父母还要教孩子正确地表达情绪和需求。例如，鼓励孩子把不高兴的事情告诉父母，以缓解心中的不快；鼓励孩子用文明语言表达不良情绪，而不是用脏话来表达。

别打扰，让他享受独处时光

5岁的袁元上幼儿园中班，一直以来都很活泼好动、喜欢交友。但最近妈妈发现他有些孤独，经常一个人陷入若有所思的状态中。有几次妈妈看见他独自坐在客厅的角落不知道摆弄什么，于是很关切地去问他，可袁元只是轻描淡写地说"玩儿"。

妈妈很不理解，平时那么疼爱袁元，为什么他不愿意袒露心事？而且袁元时常这样独处，正常吗？不会是自闭症吧？

其实，像袁元这样独处的孩子，并没有什么不正常。独处不是大人的专利，小孩子也需要享受一个人的时光。从情感发展角度来说，伴随着孩子年龄的增长，孩子的情感会越来越丰富，而独处感是5岁左右的孩子比较突出的一种情感。

自闭症是一种严重的心理障碍，其主要特点有四个。我们可以根据这四个特点来初步判断孩子有没有自闭症倾向。

（1）自闭症是一种人际交往障碍，表现为孩子不愿意与人交往，不能或者很难与人建立正常的关系。

（2）自闭症是一种语言障碍，表现为无语言或只有很少的语言，甚至只是鹦鹉学舌，言语发展严重滞后。

（3）自闭症是一种情绪与行为异常，表现为对物品有怪异的兴趣和玩法。比如，长时间玩某个物品；长时间重复某个动作；做出莫名其妙的表情，如哭、笑、闹；对某些声音、画面、广告很敏感；不知道害怕和危险；运动能力发育不良。

（4）自闭症经常伴随着认知障碍，比如，无法明白某些简单事物形成的原因及彼此的关系，过于专注于事物不重要的部分，而忽略重要部分，而且专注力一般比较差。

需要注意的是，自闭症需要经过医生详细问诊才能诊断，父母切勿擅自做出孩子有自闭症的判断，而应该带孩子到医院检查。

孩子在成长过程中，某个阶段变得爱独处是正常的。独处对提高孩子的独立性和思维能力，以及促进孩子情感的发展都是很有帮助的。

张先生是一位儿童心理学咨询师，他很喜欢和小孩子打交道。有一年暑假回老家，他带着邻居家的两个男孩玩，一个孩子7岁，一个孩子5岁。在和他们一起玩的过程中，他发现7岁的孩子喜欢跟着他，玩的过程中喜欢问他问题，比如："接下来玩什么？""这个游戏怎么玩？"那个5岁的孩子表现则大不一样，他更喜欢一个人玩。当张先生推荐一个游戏时，他会自觉琢磨怎么玩，经常能玩出新花样。比如，在玩足球时，他会把足球当篮球、排球玩。而那个7岁男孩，只知道踢足球。

这两个孩子与张先生非常熟，他发现7岁孩子的父母非常用心，对孩子照料得非常细致，孩子做作业时陪着，孩子玩游戏时陪着，孩子独处的时间较少。

而那个5岁孩子的父母比较粗心，经常让孩子自己玩，自己在一旁干农活，或做家务。最多在孩子需要的时候，和孩子一起玩游戏，或帮忙出个主意。

适当让孩子独处，对孩子有着诸多积极的意义。哲学家周国平曾经写过一篇文章，题为《独处是一种能力》。他认为，能够独处才意味着这个人拥有自我。德国著名哲学家叔本华更是认为，不能独处的人基本上可以视为一种低能，热爱独处才是热爱自由。

在独处的过程中，孩子遇到了疑问会自觉思考，遇到了困难会尝试自己解决。在这个过程中，孩子的独立性会得到发展，解决问题的能力、思考力、创造力都可以得到锻炼。相比之下，那些整天被大人围绕的孩子，一遇到麻烦，不等他们开口，大人就解决了。久而久之，孩子习惯了依赖大人，就会变得懒于思考、懒于尝试。所以，父母要重视培养孩子的独处能力，让孩子在独处中学会独立成长。

（1）不强求"亲密无间"，适当和孩子保持距离

独处就是给孩子在时间和空间上一定的自由，乃至心灵上的自由。研究发现，孩子从出生的时候开始，就有独处的需求。比如，1岁之内的小婴儿就会自己玩，而且听着音乐能很愉快地独处，但由于小婴儿的活动能力有限，所以他们的独处表现得并不明显。

随着孩子不断长大，孩子的自由度越来越大，可以主动离开父母，一个人待着。这时就很容易被大人注意到，甚至被视为"不正常"。实际上，这并不是孩子不正常，而是大人还不习惯孩子独处。

所以，父母要学会去习惯，接受孩子的变化，并尊重孩子的独处，比如，不要追问孩子在独处时做了什么。如果孩子愿意分享，他往往会主动告诉你。同时，父母要主动和孩子保持适当的距离，不要整天让孩子黏着你，或你总是黏着孩子。

（2）鼓励孩子在独处时思考、解决问题

要想孩子在独处中锻炼思维能力、动手解决问题的能力，培养独立性，父母有必要提醒孩子遇到问题时先自己思考怎么办，并尝试靠自己去解决问题。当然，为了避免孩子在独处时胡作非为，引发什么意外，父母有必要做到：

①最好让孩子在自己的视线范围内独处，比如，在客厅的某个角落，在不远处的草坪上，等等，这样便于父母关注孩子，及时排除危险。

②父母要告诉孩子，如果经过自己的独立思考，依然找不到解决问题的办法，可以向父母寻求帮助。

③接纳孩子的分享，也要尊重孩子的不分享。换言之，无论孩子是否和你分享他在独处中做了什么事，你都应平常心看待。如果孩子和你分享，你应该表现出认真倾听的态度，并积极回应，这样有利于强化孩子的分享行为，使孩子愿意与你交流。

别否定他用想象力创造的杰作

孩子到了3岁半到4岁半时，开始喜欢到处乱涂乱画，也就是我们常说的“涂鸦”，这是孩子进入书写敏感期的表现，是培养孩子想象力、手眼协调能力的重要途径。

最近，梦洁特别喜欢拿着水彩笔，一本正经地在白纸上涂涂画画。这不，今天又在纸上涂了许多线条，有长的有短的，有粗的有细的，毫无章法地组合在一起。

妈妈看了之后非常好奇，忍不住问：“你画的这些线条是什么呀？”

梦洁很认真地说：“这是一根根草呀，我记得外面的草就是这样的。”

妈妈说：“你这孩子，草怎么是这样的呢？草是绿色的，而且很细很小，你画的我真没看出来像小草。”

梦洁听了不高兴了，噘起小嘴反驳：“怎么不像小草？我见过的小草就是这样的，我还和小朋友在草丛里玩呢！”

妈妈摇了摇头，自言自语地说："这孩子尽瞎说！"

到底是孩子"瞎说"，还是妈妈糊涂？大家很明显能看出来。孩子喜欢涂鸦，是享受发挥想象力去创作的过程，至于画得像不像、好不好，并不那么重要。只要孩子觉得像，只要孩子感觉好，那就是好的。

对于孩子的涂鸦行为，父母不要以成人的视角去评判孩子的涂鸦，更不要嘲笑、打击孩子的作品，而应该尊重孩子的想象，保护孩子的自尊心和创造力。

父母可以为孩子买一些水彩笔、蜡笔、铅笔和纸，引导孩子在纸上涂画，并善于欣赏孩子的涂鸦作品。通过经常性的肯定和鼓舞，可以有效地激发孩子的创作灵感，促使孩子大胆地想象、创作。

（1）认真欣赏孩子的涂鸦作品

不管孩子是一时兴起随便画画，还是经过一番准备，隆重推出一幅画作，父母都应该认真欣赏、仔细端详，理解孩子所表达的主题。孩子有可能只是根据自己的心情随便一画，甚至连自己也不知道在画什么。但这都没有关系，只要父母能认真地欣赏孩子的画作，就是对孩子最好的支持。

（2）及时给予孩子积极的鼓励

不管孩子画得像不像、有几分像，父母最好都不要吝啬赞美之词，甚至可以表现出惊叹，用夸张的神情去夸奖孩子："你画得真棒，你这么一说，还真是那么回事啊，我咋没想到呢！""看到你这么会画，妈妈都想试一试了！"孩子得到你的真心嘉许，一定会欣喜得手舞足蹈，以后会更加喜欢涂鸦，并在涂鸦过程中大胆想象，不断提高创造力。

（3）陪孩子一起乱写乱画

孩子乱写乱画其实是一件很有童趣的事。父母平时可以抽出一些时间，陪孩子一起乱写乱画。这既能促进亲子关系，又可引导孩子去想象。如果父母对画画有一些了解，还能借机教孩子一些画画技巧，比如，用什么样的颜色搭配更好看，怎么在一张画纸上布局整幅画等。

当然，陪孩子一起涂鸦，要以孩子为主，不要过于干涉孩子的想法，父母要以配合为己任，在一旁充当辅助者就行。

孩子爱撒谎，要当面拆穿吗

在成人眼里，说谎是一种品行问题，但是对孩子来说，说谎并不能上升到品行的高度。为什么这么说呢？这得从孩子说谎的原因来分析。一般来说，孩子说谎可以分为无意说谎和有意说谎。

（1）无意说谎

从幼儿认知和心理发展的特点来看，3岁孩子就有说谎的经验，4岁孩子就能策略性地说谎，但在3～4岁这个年龄，孩子说谎大都是无意的。所谓无意说谎，是指孩子说谎是无意识的，他并不知道自己说谎了。

正在玩沙盘的孩子突然对妈妈说："妈妈，我的城堡被暴风雨冲毁了！这可怎么办？"

"哪里有暴风雨？胡说八道！"妈妈生气地回应他。

在这里，妈妈认为孩子说谎了，但其实孩子是在发挥想象。如果妈妈能够理解孩子的想象力，很可能是对孩子一次创造力的肯定。但这位妈妈粗暴地阻止，扼杀了孩子的创造力。

（2）有意说谎

所谓有意说谎，指的是孩子为了达到某种目的，有意识地编造与事实不符的话。有意说谎的原因和表现形式主要有两种：做错事后害怕受惩罚，为取悦父母而撒谎。

羽羽不小心把新买的玩具弄坏了，他怕妈妈批评他，就把坏了的玩具藏了起来。妈妈收拾柜子时，无意中发现了，就质问羽羽："给你买的新玩具呢？"

羽羽："我不知道放哪儿了。"

妈妈："是吗？那你快把它找出来。"

羽羽："肯定是被隔壁的欢欢拿走了！"

妈妈："你这孩子，怎么小小年纪就知道说谎了，明明是你把玩具弄坏了藏起来了，还说欢欢拿走了！"

在这里，羽羽就是典型的因害怕受到惩罚而说谎，这是一种出于防御性心理而撒谎。其实妈妈完全可以说："我看到新玩具在衣柜里，而且坏了，它可真是不经玩。"如此回答，就不会引起孩子恐慌而撒谎。

当孩子说谎时，父母如果当面揭穿，会使孩子充满挫折感，自尊心备受打击。对于孩子来说，他们的世界里充满了想象、幻觉，有时候说谎只是出于防御心理，或为了引起父母注意，不存在恶意的谎言。因此，正确的处理方式是点到即止，无须过分追究。

6岁的洋洋在邻居小朋友家玩时，看到人家的玩具好，就偷偷拿回家玩。

爸爸问："这么好玩的玩具是从哪里来的？"

洋洋慌张地说："爸爸，是我在楼下的草坪上捡到的。"

爸爸从洋洋慌张的神情中敏锐地觉察到这是一个谎言，但却假装没有看透，顺势提醒道："那肯定是小朋友玩的时候不小心掉的，小朋友会去草坪上找玩具的，你把它放到草坪上好吗？"

洋洋松了一口气，因为爸爸"相信"了他，并给他弥补错误的机会。第二天，洋洋果然将玩具送回到隔壁小朋友家。

面对孩子的谎言，父母千万不要直接揭穿，更不要呵斥或打骂孩子，尤其是在公众场合时，否则会严重伤害孩子的自尊心。父母应该宽容一些，引导孩子找出撒谎的原因，再来"对症下药"。

（1）控制好情绪，看透不说透

当你知道孩子撒谎时，不要立刻变脸，厉声斥责。这样往往达不到制止孩子说谎的效果，反而会进一步激发孩子的自我防御心理，使孩子更加坚持为自己辩解："我没说谎！"

父母正确的做法是控制好情绪，看透不说透，先顺着孩子的谎言去引导孩子，给他弥补过错的机会，同时关注孩子的后续反应——看孩子是否改正错误。父母也可以从孩子撒谎的漏洞中寻找突破口，让孩子明白他自相矛盾的地方，再委婉地告诉孩子说谎的坏处，提醒他做诚实的人。

（2）教孩子明辨是非、黑白

在孩子成长的过程中，父母应不断教会孩子明辨是非和黑白，知道什么是对的，什么是错的；什么是好的，什么是坏的。这样孩子才不会轻易把坏的事情当成好事，把想象的事情当成事实说出来，从而有效地减少一些孩子因为自己误解而说出的无意识谎言。

（3）不要因孩子撒谎而贴标签

孩子撒谎固然不好，但是父母不能因孩子偶尔说几次谎，就给孩子贴负面标签，给孩子扣上"小骗子""谎话大王"的帽子。这样只会强化孩子的负面行为，暗示孩子照着父母的评价去做，最后，孩子可能真的成为说谎大王、骗子。

生了二宝后别冷落了大宝

随着二孩政策的全面放开，一些符合条件的父母生育了二宝，家庭结构发生了改变。很多独生子女从享受父母的独宠，到和弟弟、妹妹分享父母的关注和爱，这让他们感到很失落，进而引起情绪障碍。

钱女士积极响应二孩政策，生了个男孩，和家里的 6 岁女儿组成"好"字，皆大欢喜。可是，儿子出生后，钱女士却一直闷闷不乐，她不快乐的根源在于女儿。

钱女士说，以前女儿乖巧懂事，可生完儿子后，发现女儿越来越不懂事了。以晚上睡觉为例，以前女儿一直和她睡觉，随着女儿长大，也已经分床睡了，可是有了二宝之后，女儿经常缠着要和她睡。

钱女士晚上要照顾儿子，就和女儿商量，可女儿就是不答应，还说："你们有了弟弟就再也不爱我了。"钱女士为了体现公平，对女儿说："我睡沙发上，不跟弟弟睡觉可以吗？"女儿也不答应，家里经常被孩子的睡觉问题搞得愁云惨淡。

儿女双全本是皆大欢喜的事情，可很多生了二孩的家庭却面临着幸福的烦恼。因为随着二宝的降临，大宝觉得受到了冷落，表现得更加黏妈妈。如果父母不能处理好爱的分配问题，不能给大宝安全感，不但会影响大宝的性格，还影响家庭和谐，甚至会让二宝面临危险。

一位30岁左右的妇女领着一名小男孩来到一家心理咨询室。小男孩长着圆圆的脸蛋，特别可爱，可是妈妈脸上却一片愁容。

经了解，小男孩名叫亮亮，5岁了。三个月前妈妈生了二宝，也是个男孩。随后接连发生的事情让父母很抓狂。

一天，妈妈把二宝哄睡后去阳台洗衣服了。洗完衣服后，来到房间却发现二宝不见了。

家里就妈妈和两个孩子，二宝怎么不见了呢？着急的妈妈赶紧问大宝，可大宝却不冷不热地说："不知道。"

没办法，妈妈只好在家里四处找，最后在厕所的地板上找到了二宝。幸运的是，二宝身上还裹着毛毯，小家伙还在熟睡中。

几天后，妈妈在厨房做饭，等她回房间看二宝时，发现二宝又不见了。找了半天，竟然在床底下找到了二宝。

后来，妈妈经过仔细观察，才发现这两次二宝失踪事件都是大宝的恶作剧。这让妈妈很害怕，以为大宝心理有问题，无奈之下，带着孩子来做心理咨询。

某心理研究中心的首席心理咨询师表示，自从二孩政策放开，他们接待的关于二宝的问题不下50起。有的是夫妻之间的问题，丈夫想要二宝，可妻子不想生，有的是妻子想生，但丈夫不想生，但更多的是二宝出生后，大宝频繁制造麻烦。

其实，这些问题的根源是父母如何去爱大宝的问题。很多父母有了二宝之后，由于精力用在照顾二宝上，无形中忽视了对大宝的关爱。这会让大宝误以为父母不爱自己了，造成安全感缺失。而有些父母在教育大宝时，总是特别强调"你比弟弟（妹妹）大，你要让着他"，这会进一步加剧大宝的反感。

那么，父母究竟该怎么教育大宝，才能给大宝足够的安全感，让大宝和二宝和谐相处呢？

（1）决定要二宝之前，先征求大宝的意见

很多父母决定要二宝时，不跟大宝商量，不问大宝的想法，等到某一天，妈妈的肚子大了，甚至等到二宝降生时，才让大宝知晓。这无疑会让大宝感到很突然，以至于无法接受现实，也无法接受二宝。

正确的做法是，在决定要二宝之前，先征求大宝的意见，比如，问孩子："妈妈再给你生个弟弟或妹妹，好不好？"如果孩子同意了，那皆大欢喜。

如果孩子不同意，父母可以尝试着引导孩子，比如，让亲戚、朋友家的小孩子来家里玩，让孩子去体验照顾小弟弟小妹妹。等孩子和小弟弟小妹妹玩得开心时，再借机问孩子："你这么喜欢小弟弟小妹妹，还很会照顾小弟弟小妹妹，那妈妈给你生一个弟弟或妹妹好不好？"

（2）不要忽视大宝，也不要强调大宝必须让着二宝

有了二宝之后，父母切勿忽视大宝，就算再忙，也要让大宝感受到父母的关心和陪伴。比如，睡前故事还要继续讲，白天也要适当陪伴做游戏。

等二宝长大一点后，在大宝与二宝的交往中，父母不要强调大宝必须让着二宝，而要公平公正地对待大宝和二宝之间的矛盾，这样才不会让大宝觉得父母偏袒弟弟或妹妹。

（3）引导大宝照顾二宝，让大宝和二宝和谐共处

在养育二宝的过程中，父母应该有意识地引导大宝参与。所谓参与，并不是让大宝干活，而是通过交流和沟通，培养大宝和二宝之间的感情，让他们和谐共处。

有些父母在二宝出生以后，喜欢将大宝和二宝分开抚养。这种方法是不可取的，因为大宝和二宝长时间分开，两者之间没有一起生活，没有一起见证彼此成长的机会，会导致两人感情淡漠。

相信每个决定生二宝的父母都希望大宝和二宝能够相亲相爱，感情深厚，共同快乐成长。而把两个孩子分开来抚养，与这个美好初衷是相背离的。

孩子成长需要陪伴，不仅是父母的陪伴，也需要同龄孩子的陪伴。因此，父母应教大宝和二宝和谐相处，让大宝学会照顾二宝，这对提升两者爱的能力也是很有帮助的。